00-07
TBACK AUSTR

# AUSTRALIEN

## Zwischen Traumpfad und Roadtrain

KÖNEMANN

Originaltitel:
Australia – A Continent Revealed



Übersetzung aus dem Englischen: Helmut Roß
Redaktion: Verlagsbüro Schürmann, Wedel
Satz: Sally Johnson, Hamburg, und KCS, Buchholz, für Verlagsbüro Schürmann

Herstellungsleiter: Detlev Schaper
Assistenz: Ursula Schümer
Druck und Bindung: Tien Wah Press PTE Ltd.
Printed in Singapore
ISBN 3-8290-3411-3
10 9 8 7 6 5 4 3 2 1

***Schutzumschlag:*** *Mondaufgang über dem Bungle-Bungle-Massiv im Purnululu National Park (Western Australia).*
***Seite 1:*** *Zwei wachsame Känguruhs im Grasland von Cossack (Western Australia).*
***Linke Seite neben dem Innentitel:*** *Luftaufnahme des pittoresken Whitehaven Beach auf den Whitsunday Islands (Queensland);* ***Innentitel:*** *Dämmerung über dem Blue Mountains National Park (New South Wales).*
***Diese Doppelseite:*** *Die uralten, rötlichen Felsformationen kontrastieren mit der intensiven Türkisfärbung des Meerwassers von Gantheaume Bay bei Broome (Western Australia).*
***Nachfolgende Doppelseite:*** *Einsamer Wanderer in der gewaltigen Salzpfanne des Lake Eyre South (South Australia).*

# INHALT

# *Der* AUSTRALISCHE KONTINENT

*Australien besteht im wesentlichen aus zwei durch die Bass-Straße voneinander getrennten Landmassen – dem australischen Festland und Tasmanien. Der Kontinent ist mit einer Fläche von 7.682.300 km² fast 22mal so groß wie Deutschland, bei einer maximalen Ausdehnung von 3.983 km in Ost-West- und 3.138 km in Nord-Süd-Richtung. Insgesamt 36.735 km mißt die Küstenlinie der gigantischen Insel, die im Norden von Timor- und Arafurasee, im Osten vom Pazifik, im Süden vom Südaustralischen Becken und im Westen vom Indischen Ozean umgeben ist. Nächster Nachbar Australiens ist das jenseits der Torres-Straße 200 km nördlich von Cape York gelegene Papua-Neuguinea.*

*Oft als flachster aller Kontinente bezeichnet, umfaßt Australien drei geographische Großeinheiten: das Ostaustralische Hochland, die Mittelaustralische Senke und das Westaustralische Tafelland. Der Südliche Wendekreis teilt den Kontinent in zwei annähernd gleich große Hälften. Die immense Fläche und die je besonderen Gegebenheiten bedeuten erhebliche klimatische Unterschiede. Etwas mehr als ein Drittel des Landes liegt in den nördlichen Tropen, und das bedeutet starke Regenfälle in der feuchten Jahreszeit (Sommer). Die südlichen – gemäßigten oder mediterranen – Regionen haben ihre größten Niederschläge in den Wintermonaten zu verzeichnen. Die Mitte Australiens hingegen ist eine riesige Trockenzone, die von küstennahen Regen- und Kaltfronten nicht erreicht wird und nur minimale Niederschläge erhält. Die dortigen Temperaturen weisen erhebliche tageszeitliche Unterschiede auf. Australien besteht aus sechs Bundesstaaten (Queensland, New South Wales, Victoria, Tasmania, South Australia und Western Australia) und zwei Bundesgebieten (Northern Territory und Australian Capital Territory). Mit der auf 18 Millionen geschätzten Einwohnerzahl Australiens ergibt sich eine durchschnittliche Bevölkerungsdichte von nur zwei Menschen pro Quadratkilometer, doch 85 Prozent der Australier leben in den fruchtbaren, urbanisierten Regionen vornehmlich entlang des östlichen Küstenstreifens.*

TORRES-STRASSE
SÜDLICHER PAZIFIK
ARAFURASEE
Thursday Island
Cape York
Jardine River NP
Mellville Island
Bathurst Island
Darwin
Kakadu NP
ARNHEM LAND
Litchfield NP
CAPE YORK PENINSULA
GREAT BARRIER REEF
Nitmiluk (Katherine Gorge) NP
CARPENTARIA-GOLF
Lakefield NP
Cooktown
Kununurra
VICTORIA HIGHWAY
BARKLY TABLELAND
Cape Tribulation NP
Trinity Bay
Daintree NP
Cairns
Keep River NP
Lake Argyle
Gregory NP
STUART HIGHWAY
KORALLENSEE
DURACK RANGE
Purnululu (Bungle Bungle) NP
NORTHERN TERRITORY
ATHERTON TABLELAND
Lawn Hill NP
Hinchinbrook Island
BUNGLE BUNGLE RANGE
TANAMI DESERT
BARKLY HIGHWAY
Tennant Creek
Townsville
Mount Isa
FLINDERS HIGHWAY
Airlie Beach
Whitsunday Islands
Devil's Marbles
DAVENPORT RANGE
Lake Mackay
QUEENSLAND
GREAT DIVIDING RANGE
West MacDonnell NP
Alice Springs
Rockhampton
Lake Neale
Finke Gorge NP
Diamantina NP
MACDONNELL RANGES
Kings Canyon
Carnarvon NP
PETERMANN RANGES
Uluru-Katatjuta NP
Simpson Desert NP
Lake Machattie
SIMPSON DESERT
Bundaberg
Great Sandy NP
Fraser Island
Witjira NP
STURTS STONY DESERT
Tewantin-Noosa
GLASSHOUSE MTNS
Goyder Lagoon
Lake Eyre
Lake Eyre NP
Brisbane
Lamington NP
GREAT VICTORIA DESERT
Coober Pedy
STRZELECKI DESERT
Byron Bay
SOUTH AUSTRALIA
Strzelecki Regional Reserve
Sturt NP
NEW SOUTH WALES
Glen Innes
STUART HIGHWAY
Lake Torrens
Mootwingee NP
Coffs Harbour
Dorrigo NP
NULLARBOR PLAIN
EYRE HIGHWAY
Lake Frome
Broken Hill
Barrington Tops NP
Darling River
Port Augusta
FLINDERS RANGES
GROSSE AUSTRALISCHE BUCHT
Wollemi NP
Mungo NP
Newcastle
Blue Mtns NP
Sydney
Port Lincoln
Adelaide
Murrumbidgee River
Wollongong
Murray-Sunset NP
Canberra
Flinders Chase NP
Lake Jindabyne
ACT
Murray River
Kangaroo Island
Coorong NP
Wyperfeld NP
Mt Buffalo NP
VICTORIA
Lake Eucumbene
Alpine NP
Ben Boyd NP
Mount Gambier
Grampians (Gariwerd) NP
Melbourne
Croajingolong NP
Snowy River NP
Port Campbell NP
TASMANSEE
Wilsons Promontory NP
BASS-STRASSE
Flinders Island
SÜDAUSTRALISCHES BECKEN
TASMANIEN
Launceston
Cradle Mtn-Lake St Clair NP
Walls of Jerusalem NP
Freycinet NP
Franklin-Gordon Wild Rivers NP
Port Arthur
Hobart
Southwest NP

# EIN KONTINENT ENTSTEHT

Der Mensch fühlt sich stets zum Ungewöhnlichen und Besonderen hingezogen. In einer zunehmend gleichförmigen Welt suchen wir nach Abwechslung. Wir finden Gefallen an Menschen, Orten, Ländern und Kontinenten nicht wegen ihrer Ähnlichkeiten, sondern aufgrund ihrer ganz besonderen Eigenarten. Australien ist ein solches Land von erfrischender Individualität – ein ganzer Kontinent, der mit abwechslungsreichen Landschaften, exotischer Fauna und Flora und einer durch und durch multikulturellen Bevölkerung aufwarten kann.

Australien, das „Südland" der frühen Entdekkungsreisenden, ist ein Kontinent, der vom Rest der Welt abgesondert ist, seit er sich vor mehr als 45 Millionen Jahren von dem Superkontinent Gondwana löste. Die turbulenten Veränderungen der letzten 200 Jahre und die lange Isolation – gleich der einer umhertreibenden Arche – lassen Australien zeitlos archaisch und zugleich aufregend neu erscheinen. Hiervon zeugt der Kontrast zwischen dem modernen Australien als Heimat einer jungen und höchst lebendigen multikulturellen Bevölkerung und den Aborigines als Vertretern einer der ältesten und traditionsreichsten Kulturen der Welt.

Im Gegensatz zu unserer Suche nach dem Anderen hielten die frühen europäischen Siedler in der australischen Landschaft vergebens nach dem Vertrauten Ausschau. Ihre Zeichnungen und Malereien weisen sie als Künstler aus, deren Blick noch in einer anderen Welt geschult wurde. Sie kämpften mit dem, was sie nun sahen, glätteten die scharfen Konturen der windgepeitschten Bäume, wählten für das natürliche Blau und Grau des Blattwerks eher konventionelle Grüntöne und bildeten die fernen blauen Horizonte in Grün oder Braun ab. Vergebens mühten sich die Künstler, ihre alte Welt in der südlichen Hemisphäre zumindest auf der Leinwand wiedererstehen zu lassen. Und der wahre, einzigartige Charakter des neuen Landes ging dabei verloren. Diese Art von Heimweh blieb allerdings nicht auf die Künstler allein beschränkt.

Das Streben nach Vertrautem zeigt sich auch in den Namen, die die neuen Siedler für die einheimische Tier- und Pflanzenwelt fanden. Für sie gab es dort Rotkehlchen, Grasmücken und Elstern, die indes biologisch in keiner Weise mit ihren nördlichen Namensvettern verwandt waren. Vorhandene Bäume bezeichnete man fälschlicherweise als Eichen, Eschen und Zedern. Und als sich diese fremdartigen Pflanzen und Tiere nicht den ihnen verliehenen Namen entsprechend verhielten, wurden einfach vertraute Arten eingeführt. So importierte man Fuchs, Kaninchen, Hase, Fasan, Nachtigall und Stieglitz, um eine befremdliche und scheinbar feindselige Landschaft mit gewohnten Erscheinungen und Geräuschen zu bevölkern. Denkbar ungeeignete Gewächse wie Eichen, Rosen und Tulpen wurden in Gegenden ohne Wasser und unterscheidbare Jahreszeiten verpflanzt. Zahlreiche Neueinführungen überlebten dank steter Pflege, andere vermochten sich jedoch gegenüber der Wandlungsfähigkeit des neuen Landes, dem extremen Klima und der heimischen Flora und Fauna nicht zu behaupten. Leider gediehen manche Neuankömmlinge wie Brombeersträucher, Stare und Kaninchen viel zu gut; rasch legten sie die ihnen zugedachte Rolle, an die alte Heimat zu erinnern, ab und führten in ihrem neuen Lebensraum zu gravierenden Umweltproblemen.

Diese vergleichsweise neuzeitlichen Auswirkungen auf den australischen Kontinent bilden indes lediglich den Schlußpunkt des letzten Kapitels einer langen und sehr komplexen Entwicklungsgeschichte.

*In Australien gibt es mehr als 500 Arten von Eukalyptusgewächsen (Gum Trees). In Kammlagen werden Snowgums oftmals vor allem bei anhaltend niedriger Temperatur durch starke Winde verformt. Auf diese Weise entstehen bizarre Formen, wie zum Beispiel hier in den südlichen Australischen Alpen.*

Australien gleicht einer außergewöhnlichen Arche mit einer einzigartigen Mischung aus altertümlichen und neuzeitlichen Landschaften, Pflanzen und Tieren. Im Westen des Landes, der an den Indischen Ozean grenzt, erstreckt sich die gebirgige Wüstenregion Pilbara. Ebenfalls im Westen, jedoch gen Süden zum Meer blickend, liegt die zerklüftete Granitküste von Albany. Beide Regionen verbindet eines der größten und ältesten Stücke der Erdkruste – eine große, fragmentierte Platte mit einem Durchmesser von mehr als 1.000 km. Gigantische Kräfte bewirkten zu einem frühen Zeitpunkt der Erdgeschichte eine Stauchung, Auffaltung und Verwerfung dieser harten Gesteinsformationen. Wer heute die niedrigen, schroffen Hügel der Pilbara umrundet, begegnet Steinen, die über drei Milliarden Jahre alt sind.

Anders als diese altertümlichen Landschaften der Pilbara durchlief ein Großteil des Landes einen Prozeß des steten Wandels. Im Lauf der Jahrtausende waren weite Teile der australischen Erdoberfläche zahlreichen Veränderungen ausgesetzt: durch ozeanische Überflutungen, das Entstehen von Binnenseen und Senkungen, durch Erosion, vulkanische Aktivitäten und langsame, doch beständige Verwerfungen. Die heutigen Konturen Australiens entstanden erst vor relativ kurzer Zeit, nämlich vor etwa 45 Millionen Jahren, als sich der Kontinent von Antarktika trennte und im Rahmen des langsamen Auseinanderfallens von Gondwana gen Norden driftete.

*Die bergige Pilbara-Region im Norden des Bundesstaats Western Australia enthält eines der weltweit ältesten, an Gold, Eisenerz und anderen wertvollen Mineralien reichen Gesteine. In der kargen, roten Felslandschaft gedeihen nur ausdauernde Pflanzen wie Spinifex (Stachelkopfgras), das den Großteil des Outbacks bedeckt. Bäumen wie diesem Snappy Gum (einem kleinen, genügsamen Eukalyptus) gelingt es irgendwie, in dem Dürreklima zu überleben.*

Als die Erde entstand, war ihre Oberfläche zunächst zähflüssig, bevor sie sich allmählich zu einer Kruste verfestigte. Die ersten Vorformen des Lebens traten vor 3,6 Milliarden Jahren auf, blieben jedoch für die nächsten drei Milliarden Jahre auf einzellige Organismen beschränkt. Wenngleich sich einige von ihnen zu Strukturen verbanden (die versteinerten Formen bezeichnet man als Stromatolithen), erschienen echte Vielzeller erst vor 600 Millionen Jahren – offenbar quallenartige Lebewesen ohne festes Skelett. Reiche Fossilienfunde gibt es erst aus der Zeit der sogenannten Kambrischen Explosion, die vor etwa 550 Millionen Jahren stattfand und mit der die sprunghafte Entfaltung einer vielgestaltigen Fauna und Flora einherging. Dinosaurier beherrschten die Erde in der Zeit von vor 220 bis vor 65

***Die Evolution des australischen Kontinents***

| **3,6** *Mrd.* | **600** *Mio.* | **550** *Mio.* | **220** *Mio.* | **150** *Mio.* | **65** *Mio.* | **45** *Mio.* | **20** *Mio.* | **5** *Mio.* | **55.000** | **15.000** | **200** |
|---|---|---|---|---|---|---|---|---|---|---|---|
| *Erste Lebenszeichen* | *Vielzeller* | *Kambrische Explosion* | *Ära der Dinosaurier* | *Gondwana löst sich von Laurasia* | *Aussterben der Dinosaurier* | *Abtrennung Australiens von Gondwana* | *Entstehung von Nullarbor-Ebene & Great Barrier Reef* | *Entstehung der Blue Mountains* | *Erste Zuwanderung von Menschen nach Australien* | *Abtrennung Tasmaniens* | *Eintreffen der „Ersten Flotte“ in Sydney Cove* |

*Obgleich es vor 15.000 Jahren vom australischen Festland abgeschnitten wurde, ist das tasmanische Hochland Teil der Great Dividing Range. Die Uplands bestehen aus schroffen Gipfeln und Hügeln, Seen und einer prächtigen Vegetation. Der Walls of Jerusalem National Park beheimatet feuchte Grasebenen und die unterschiedlichsten subalpinen Gewächse wie diese Polsterpflanzen, die in der feuchten Umgebung gut gedeihen.*

*Die Erosion hat im Laufe der Zeit einige spektakuläre Klippen und Gebilde aus Sandstein entstehen lassen, so z. B. den 300 m hohen Steilabbruch von Arnhem Land (der östliche Rand des Kakadu National Park). Zu den bekanntesten Sandsteinformationen im Park gehört Nourlangie Rock – mit seinen Figuren im „Röntgenstil" überdies eine bedeutende Kunststätte der Aborigines.*

Millionen Jahren, und erst vor ein paar Millionen Jahren tauchten in Afrika die ersten Menschenartigen auf. Zwar nahmen einige Teile Australiens bereits in der Frühzeit der Erdgeschichte Gestalt an, doch die großen heutigen Landschaftsformen entstanden weitgehend erst in vergleichsweise später Zeit: das Great Barrier Reef und die Nullarbor-Ebene vor etwa 20 Millionen Jahren, die Schluchten der Blue Mountains vor annähernd fünf Millionen Jahren, und vor lediglich 15.000 Jahren wurde die Bass-Straße überflutet, was die Trennung Tasmaniens vom australischen Festland bedeutete.

Verglichen mit der Erdgeschichte ist die Geschichte der Menschen in Australien nahezu bedeutungslos. Die ersten Spuren von Siedlungen der Aborigines sind etwa 40.000 Jahre alt, und gerade einmal vor gut 200 Jahren wurde die „Erste Flotte" von England in die neue Kolonie New South Wales entsandt, um dort eine Sträflingssiedlung zu gründen.

***Die Entstehung der Sandsteinformationen***

Klippen und Felswände aus Sandstein zählen zu den eindrucksvollsten und bekanntesten Naturphänomenen Australiens. Sandstein entsteht, wenn Berge abgetragen und Sand und Kies durch Flüsse in nahegelegenen Seen oder Meeren abgelagert werden. Im Laufe immenser Zeiträume verfestigt sich der lockere Meeressand, die Gewässer ziehen sich zurück, so daß ein neues, grobes Gestein entsteht: Sandstein. Vor etwa 1,6 Milliarden Jahren verwitterten massive Gebirgsketten in jenen Regionen Gondwanas, die später einen Teil Australiens ausmachen sollten. Damals entstanden zwei seiner berühmtesten Sandsteinformationen: die Felswände des Kakadu National Park (Northern Territory) und die kuppelförmigen Bungle Bungles (Western Australia).

Eine halbe Ewigkeit später, nämlich vor etwa 600 Millionen Jahren, vollzog sich in der Bucht eines großen Binnenmeeres ein ähnlicher Sedimentierungsprozeß. In diesem Fall entstand ein kompakter Monolith aus grauem Sandstein, der zum Erkennungszeichen Australiens werden sollte: Uluru oder Ayers Rock. Dieses massive Gebilde wurde während einer späteren Faltungsperiode um 90 Grad verschoben, so daß es heute senkrecht steht – inmitten eines roten Sandmeeres. Das ursprünglich graue Gestein verfärbte sich durch Eisenmineralien des Sandes rot, und seit Jahrmillionen erstrahlt Uluru nun im Dämmerlicht wie ein rötliches Leuchtfeuer.

Mit nur 220 Millionen Jahren sind die Sandsteinklippen von Sydney Harbour und die westlich der Stadt gelegenen Blue Mountains dagegen vergleichsweise jung. Sydneys Sandstein überlagert eine Schicht aus wirtschaftlich bedeutenden älteren Sedimenten. Hinter dem Küstenland von New South Wales – im Hunter Valley und in einem riesigen Areal des zentralen Queensland – liegen mächtige Kohlevorkommen, die dazu beitrugen, daß Australien zum weltweit größten Exporteur von Steinkohle wurde.

### *Das Werk der Vulkane*

Vulkanische Aktivitäten bilden einen wichtigen Bestandteil der geologischen Vergangenheit Australiens. Die jüngsten Vulkanausbrüche gab es vor nicht einmal 5.000 Jahren in den Küstenregionen von South Australia und Victoria. Fruchtbares Ackerland und vulkanische Landschaften wie der spektakuläre Blue Lake bei Mount Gambier sind das Ergebnis derartiger geologischer Eskapaden. Die stärksten Vulkanaktivitäten ereigneten sich aber weit früher. Ihr augenfälligstes Resultat sind die gewaltigen Ablagerungen farbenprächtiger Granite mit ihren ansprechenden Formen. Die berühmten Granitküsten von Albany in Western Australia, Kangaroo Island in South Australia, die im Northern Territory gelegenen Devil's Marbles („Teufelsmurmeln") mit ihrem treffenden Namen und die Glasshouse Mountains in Queensland entstanden allesamt in verschiedenen Perioden starker Vulkantätigkeit. Doch nicht nur die sturmgepeitschten Klippen und die erodierten, bizarr geformten Felsblöcke verdanken ihre große Schönheit dem farbigen Granit. Auch einige berühmte Gebilde von Menschenhand wie die Pfeiler der Sydney Harbour Bridge oder die großen Eingangsflügel des New Parliament House in Canberra sind mit prächtigem Granit verkleidet, der aus den Vulkanregionen Moruya und Eugowra in New South Wales stammt.

*Granitfelsen und -klippen, das Resultat früher vulkanischer Aktivitäten, treten an der Südküste zahlreich in Erscheinung. Die Granitküste von Albany in Western Australia ist berühmt für ihre verwitterten Klippen. Hier aber ist das hohe, zerklüftete Vorgebirge mit kleinen und größeren Buchten, weißen Sandstränden und kristallklarem, blauem Wasser durchsetzt. Die Felsblöcke und Gesteine von Little Bay (westlich von Albany) wurden durch das immerwährende Anbranden der Meereswellen geglättet und gerundet.*

### *Zerklüftete Berge und wilde Täler*

Obgleich einige Berge Australiens im Zuge vulkanischer Aktivitäten entstanden, wurden die meisten Gipfel und ganze Gebirgsketten durch riesige geotektonische Kräfte geformt. Viele dieser geologisch „jungen" Berge waren einst zwei- bis dreimal höher als heute. Die Tatsache, daß heute nur noch wenige hohe Berge vorhanden sind, zeugt vom großen Alter des australischen Kontinents. Die für andere Kontinente so typischen schroffen Gipfel wurden in Australien durch Wind und Wetter über Jahrtausende hinweg abgetragen.

Die Auffaltungsprozesse ließen neben den Bergen auch tief eingeschnittene Täler entstehen, die sich im Lauf der Zeit mit gewaltigen Mengen von Sedimenten füllten. Mineralische Prozesse ließen aus diesen losen Schichtgesteinen feste Gesteine entstehen, die nochmals angehoben wurden und erodierten, so daß der Zyklus von neuem begann. Dieser beständige Prozeß führte zur Entstehung von einigen der schroffsten und zugleich eindrucksvollsten Gebirgslandschaften in ganz Australien. Die bizarr geformten MacDonnell Ranges in der Mitte Australiens und die nahe der Südküste gelegenen Flinders Ranges zeugen von diesen komplexen und archaischen geologischen Zyklen.

*Einer recht bizarren Felsformation begegnet man weit im Inneren des Northern Territory. In den Legenden der Aborigines werden diese nicht selten in einer heiklen Balance befindlichen Felsblöcke als „Eier der Regenbogenschlange" bezeichnet. Die Devil's Marbles sind Reste von einst gewaltigen, heute jedoch fast vollständig erodierten Granitgesteinen, die bei Sonnenuntergang oftmals regelrecht zu glühen scheinen.*

Entsprechend der altertümlichen Landschaft des australischen Kontinents sind auch seine zahlreichen Tierarten unübertroffen in ihrer Vielfalt und einfallsreichen Anpassung an ganz besondere Umweltbedingungen. Aufgrund ihrer langen Isolation haben verschiedene Tiere und Pflanzen ureigene Sonderformen entwickelt.

Jenes Land, aus dem der neue Kontinent Australien wurde, gehörte einst zum Urkontinent Gondwana, der auch Antarktika, Südamerika, Afrika und Indien umfaßte. Dieser Superkontinent begann vor 150 Millionen Jahren auseinanderzubrechen, und vor 45 Millionen Jahren trennte sich Australien von Antarktika. Die Pflanzen und Tiere des heutigen Australien sind entweder Nachfahren von Spezies aus der Zeit von Gondwana, eigenständige Entwicklungen oder spätere Neuzugänge. Einige Tierarten wie Koalas und Känguruhs existierten einst auch auf den anderen Kontinenten von Gondwana, doch diese Beuteltiere wurden mit der Zeit durch weiterentwickelte Säuger verdrängt. Die das Land umgebenden Meere wirkten als natürliche Barriere für Raubtiere, so daß die australischen Beuteltiere fortbestehen konnten.

***Das Auseinanderdriften von Gondwana***

*Vor Millionen von Jahren bildete Australien zusammen mit Antarktika, Südamerika, Afrika, Madagaskar, Neuguinea, Neuseeland und dem indischen Subkontinent den Superkontinent Gondwana. Über die Datierung des Zerfalls von Gondwana besteht zwar keine Einigkeit, doch meist werden plattentektonische Prozesse als Ursache angenommen.*

***Die ersten Pflanzen und Tiere***

Südwestlich der Pilbara-Region in Western Australia trifft man auf Relikte aus der Frühzeit des terrestrischen Lebens – eine Kolonie bizarrer, ursprünglicher Lebensformen, die in einem warmen, abgeschiedenen Meeresarm der Shark Bay gedeiht. Stromatolithen kennt man sonst nur als fossile Reste von Algenkolonien, doch die meisten der hier vorkommenden Exemplare sind noch lebendig und ähneln dunklen Felsklumpen. In anderen Teilen Australiens und überall auf der Erde fand man Fossilien dieser einzigartigen Lebewesen, deren Alter man auf mehr als 3,5 Milliarden Jahre datierte. In den isolierten, sauerstoffarmen Gewässern der Bucht konnten diese Lebensformen jedoch überleben. Als einst die Vorfahren dieser Algen entstanden, besaß die Erdatmosphäre praktisch keinen Sauerstoff. Viele Biologen gehen davon aus, daß die Stromatolithen im Lauf vieler Jahrmillionen die Erdatmosphäre mit enormen Sauerstoffmengen anreicherten. Hierdurch verwandelte sich die ursprünglich kohlendioxidreiche Erdatmosphäre in die heutige, sauerstoffreiche Luft. In gewissem Sinn haben alle fortschrittlichen Organismen ihre Existenz diesen frühen Lebensformen zu verdanken.

Ein wüstenhafter Fleck auf dem australischen Kontinent war Schauplatz einer der größten Entdeckungen auf dem Gebiet der Evolution. So wie die Tierwelt der Galápagos-Inseln maßgeblich zur Evolutionstheorie eines Charles Darwin beitrug, so ließ sich ein junger australischer Geologe durch die zerklüfteten Wüstenberge von South Australia inspirieren. In den niedrigen Edicara Hills (Flinders Ranges) entdeckte Reg Sprigg 1947 merkwürdige Fossilien, die sich als die ältesten bekannten Vielzeller überhaupt herausstellten. Diese versteinerten Meerestiere umfaßten Schwämme, Quallen und Würmer, die über 600 Millionen Jahre alt waren. Bis zu dieser Entdeckung hatte man gemeinhin angenommen, Fossilien dieses Alters oder dieser Gestalt werde man niemals finden, weil diese Weichtiere zu 99 Prozent aus Wasser bestanden und weder ein festes Skelett noch Schalen besaßen und daher kaum in erkennbarer Weise fossilisieren würden.

Vor etwa 550 Millionen Jahren ereignete sich die sogenannte Kambrische Explosion, die mit einer sprunghaften Verbreitung von wirbellosen Meeres-

*Die viele Millionen Jahre alten Stromatolithen von Hamelin Pool (Shark Bay, Western Australia) sind einzigartige Relikte der ursprünglichsten Lebensformen überhaupt. Diese wie Steine wirkenden Gebilde sind in Wahrheit Lebewesen – langsam wachsende, schwammartige Pflanzen, die durch winzige, einzellige Algen gebildet wurden.*

organismen einherging. Viele verschiedenartige, kalkausscheidende Organismen wie Korallen, Schwammtiere und Muscheln haben immer wieder gewaltige Riffgebilde entstehen lassen, aus denen im Lauf der Zeit die Kalkstein-Ablagerungen hervorgingen, wie wir sie heute kennen. In jüngerer Vergangenheit ließ durch den Kalkstein sickerndes Süßwasser etwa die Höhlen von Chillagoe im Norden von Queensland und von Jenolan und Bungonia in New South Wales entstehen.

### *Das Zeitalter der Dinosaurier*

Australien besaß dereinst seinen eigenen „Jurassic Park". Zwar reicht das geologische Zeitalter des Jura, auf das der Filmtitel anspielt, bis etwa 150 Millionen Jahre zurück, doch viele Riesenechsen Australiens entstammen jüngeren erdgeschichtlichen Perioden. Muttaburrasaurus zum Beispiel, dessen Skelett man nahe der Stadt Muttaburra im Inneren von Queensland fand, war ein acht Meter langer Pflanzenfresser. In der gleichen Gegend stieß man auch auf einzelne Halswirbel, die von einem anderen, mehr als 20 m langen Dinosaurier stammen. Zu den interessantesten Fossilienfunden Australiens zählen die Fußabdrücke von 130 kleinen Dinosauriern in Winton (Queensland). Die völlig ungeordneten Spuren

zeugen davon, daß unter den kleinen Pflanzenfressern eine Panik ausgebrochen war und sie von einem größeren, fleischfressenden Dinosaurier über eine Schlickebene gejagt wurden. Offenbar konnten sie alle entkommen, doch der Vorfall als solcher ist heute in Stein verewigt.

Belege für das älteste australische Säugetier ergaben sich in den späten 80er Jahren des 20. Jahrhunderts durch die Entdeckung des opalisierten Unterkiefers eines 110 Millionen Jahre alten Verwandten des Schnabeltiers. Dieser bemerkenswerte Fund in den Opalfeldern von Lightning Ridge (New South Wales) zeugt von der einsetzenden Evolution der einzigartigen Kloakentiere (eierlegende Säuger mit Schnabeltier und Ameisenigel als einzigen Vertretern in Australien) und Beuteltiere (Säugetiere mit einer Brutpflegetasche wie etwa Koalas und Känguruhs).

Vor etwa zwei Millionen Jahren entstanden einige typisch australische, heute kaum mehr bekannte Tiere, die noch bis vor 20.000 Jahren lebten – Riesenbeutler, die unter dem Begriff „marsupiale Megafauna" zusammengefaßt werden. Einige von ihnen hatten die Größe eines Wasserbüffels, andere besaßen elefantenartige Rüssel. Der Beutelleopard machte Jagd auf grasfressende Herdentiere wie die drei Meter großen Riesenkänguruhs, und Flamingos teilten ihren Lebensraum mit Krokodilen und einer Handvoll Koala-Arten. Die Riesenbeutler verschwanden lange nach dem Eintreffen der Aborigines vor etwa 40.000 Jahren; umstritten ist, ob ihr Untergang gänzlich oder nur zum Teil durch Bejagung herbeigeführt wurde. Auch klimatische Veränderungen könnten zum Aussterben dieser riesenhaften, bizarren Lebewesen beigetragen haben, und es steht zu hoffen, daß die Wissenschaft mit der Zeit den Schleier des Geheimnisses weiter lüften wird.

*Australien ist die Heimat von ungefähr 600 Reptilienarten. Einer ihrer spektakulärsten Vertreter ist die vornehmlich im Norden und Nordosten vorkommende Kragenechse* ***(oben)****, die bei Berührung oder Bedrohung ihren eindrucksvollen Hautlappen abspreizt.*
*Das meist im Verborgenen lebende Schnabeltier* ***(links)*** *ist eines der merkwürdigsten und ursprünglichsten Säugetiere Australiens. Das männliche und das halbwüchsige weibliche Schnabeltier besitzen am Hinterfuß eine Giftdrüse mit hohlen Sporen.*
*Das furchterregende Salzwasser- oder Leistenkrokodil* ***(Mitte)*** *ist in den Seen und Flüssen Nordaustraliens weit verbreitet. Die bis zu sechs Meter langen, angriffslustigen Tiere attackieren Schlangen, Vögel und Wallabys und machen auch vor Menschen nicht halt.*
*Der behäbige Wombat oder Plumpbeutler* ***(rechts)*** *ist ein possierliches Tier. Der in Tasmanien und im Südosten des Festlands lebende nachtaktive Pflanzenfresser besitzt als typisches Beuteltier eine gut entwickelte „Tragetasche" für den Transport der Jungen.*

**Bewohner der australischen Arche**

Als gefährlichstes aller Tiere und größtes lebendes Reptil bewohnt das Salzwasser- oder Leistenkrokodil die tropischen Wasserläufe des australischen Nordens. Dieser entfernte Verwandte der Dinosaurier, der über sieben Meter lang werden kann, ist dank entsprechender Schutzmaßnahmen seit einigen Jahren nicht mehr akut vom Aussterben bedroht. Australien kann sich glücklich schätzen, sechs der weltweit sieben Arten von Meeresschildkröten, die in großer Zahl im Sommer an den tropischen Stränden Australiens ihre Eier ablegen, zumindest eine saisonale Heimat zu bieten – so vor allem den Karettschildkröten von Mon Repos in Queensland.

Ungeachtet der zahlreichen anderen Tierarten sind die merkwürdigen Säugetiere die wohl wichtigsten „Botschafter" Australiens. Wahrzeichen des Landes sind die Fabelwesen ähnlichen, eierlegenden Schnabeltiere und Ameisenigel sowie die Beuteltiere wie Koalas, Opossums und Känguruhs. Australien kann mit beinahe fünfzig Arten von Känguruhs und Wallabys aufwarten, vom winzigen Rattenkänguruh bis zum Roten Riesenkänguruh, das mehr als 2,5 m groß und beachtliche 85 kg schwer werden kann. Manche dieser Arten leben in Felslandschaften, einige auch in Bäumen.

*Die niedlichen Koalas* ***(oben)*** *sind das wohl beliebteste Beuteltier, doch sie besitzen scharfe Zähne und Krallen und können recht aggressiv sein. Ausschließlich von den Blättern bestimmter Eukalyptusarten lebend, kommen die gefährdeten Baumbewohner nur im Osten Australiens vor.*
*Die vor allem die Eigentlichen Känguruhs und die Wallabys umfassende Familie der Macropodidae fällt durch ihren Artenreichtum auf. Größter Vertreter ist das in den trockeneren Regionen heimische Rote Riesenkänguruh* ***(links)****.*
*Das in mehreren Arten vorkommende Felskänguruh* ***(Mitte)*** *ist gut an ein Leben in unwegsamem Gelände angepaßt. Die breiten Füße und der bewegliche Schwanz helfen dem Tier, das Gleichgewicht zu halten, wenn es von Fels zu Fels hüpft.*
*Die Gelbfuß-Beutelmaus* ***(rechts)*** *ist im östlichen Australien weit verbreitet. Das Raubtier verschläft den Tag in unterirdischen Nestern und geht nachts auf die Jagd nach Insekten, Spinnen und kleinen Wirbeltieren wie etwa Mäusen.*

Der wahrscheinlich ausgestorbene Beutelwolf oder „Tasmanische Tiger" (die letzte bestätigte Sichtung datiert aus den 30er Jahren des 20. Jahrhunderts) war das größte fleischfressende Beuteltier der Neuzeit. Immer noch weit verbreitet ist dagegen der grimmig dreinschauende Beutelteufel als nunmehr größtes fleischfressendes Beuteltier. Eines der kleinsten karnivoren Beuteltiere ist die nur etwa 50 g wiegende Gelbfuß-Beutelmaus, die im Buschland in der Umgebung der Ostküsten-Städte vorkommt. Diese winzigen, lebhaften Kreaturen haben einen regen Stoffwechsel und sind ständig auf der Suche nach Nahrung in Form von Insekten, kleinen Vögeln oder Echsen. Im Frühling, wenn sie zwölf Monate alt sind, paaren sich die Beutelmäuse. Dieser Anstrengung sind die Männchen nicht gewachsen, und sie sterben innerhalb weniger Tage nach der Begattung. Die Weibchen werfen einen Monat später bis zu zwölf Junge und führen ein Leben ohne männliche Nahrungskonkurrenten. Mütter und Jungtiere trennen sich im darauffolgenden Winter, und das Ganze beginnt von neuem.

Die Hälfte der zwanzig giftigsten Schlangen der Welt bevölkert den australischen Kontinent. Von den mindestens hundert heimischen Schlangenarten gilt ungefähr ein Viertel als gefährlich für den Menschen. Die zweitgrößte Echse der Welt, der Perentie (ein Großwaran), wird über 2,5 m lang und ist in Trockenregionen Inneraustraliens zu Hause. In diesen Wüsten findet man die weltweit größte Zahl von Echsenarten: die größten (Goannas) ebenso wie die schnellsten (Skinke), die spektakulärsten (Kragenechsen) und die bizarrsten (Wüstenteufel). Nicht minder exotisch ist der winzige Magenbrüterfrosch (Rheobatrachus silus), der seinen Nachwuchs im Magen aufzieht und damit im gesamten Tierreich ohnegleichen ist.

Mit Ausnahme Südamerikas ist Australien die Heimat der größten Populationen auffälliger Vögel. Im australischen Busch machen mehr als 700 Vogelarten durch Farben und Geräusche auf sich aufmerksam – von farbenprächtigen, kreischenden Kakadus und Papageien bis zum meist schweigsamen Staffelschwanz. Australien ist bekannt für seine nächtliche „Pinguin-Parade" (vom Meer zu den Schlafplätzen) an der Küste von Victoria und für die Allfarbloris, die täglich die Futterplätze in den östlichen Küstenwäldern aufsuchen. Nicht weniger berühmt: Kichern des Kookaburra („Lachender Hans") und das „Dauerklingeln" der Glockenvögel.

Jahrmillionen der Isolation verhalfen Australien zu einigen Wunderwesen der Vogelkunde. Hierzu zählen die flugunfähigen Emus und Kasuare, der Leierschwanz (als Geräuschimitator), die nachtaktiven, breitschnäbligen Höhlenschwalme und die Laubenvögel, deren Männchen äußerst raffinierte Lauben bauen – nicht etwa zum Nisten, sondern um die Damenwelt auf sich aufmerksam zu machen.

Es fällt nicht schwer, die Vögel, Säuger und anderen Tiere des „großen Südlands" als Passagiere einer neuzeitlichen Arche zu betrachten. Ihr einzigartiges Verhalten und Erscheinungsbild sind das Resultat besonderer Gegebenheiten sowie der langen Isolation vom Rest der Welt. Vieles wurde bereits entdeckt, doch wahrscheinlich harren noch weitere bizarre Lebensformen der Erforschung.

### *Reichtum endemischer Pflanzen*

Australien verfügt über eine ganz besondere Flora, denn ungefähr 80 Prozent seiner 20.000 Pflanzenarten kommen nirgendwo sonst auf der Welt vor. Die Ursprünge mancher australischer Pflanzen lassen sich bis in jene Zeiten zurückverfolgen, als der Kontinent noch mit den anderen südlichen Landmassen verbunden war. Pollen der mächtigen Südbuche in den kühlen Bergregionen Tasmaniens und im östlichen Victoria wurden schon als 60 Millionen Jahre alte Fossilien entdeckt. Kauri-Fichten, darunter die Norfolktanne sowie der Bunya-Bunya-Baum (Araucaria bidwillii) und die Hoop-Schmucktanne von Queensland, haben nahe Verwandte in Südamerika, Neuseeland und Teilen der Pazifikregion.

Australiens augenfälligste Pflanzen sind die Eukalypten oder *gum trees.* Gemeinsam mit Wattle-Büschen dominieren diese „Gummibäume" die meisten Landschaften, ausgenommen die Regenwälder und Küstensäume. Die Größe der Eukalypten reicht von Waldriesen wie der Bergesche (Königseukalyptus) bis zu den kaum mehr als strauchgroßen *Mallees* der Trockengebiete. Der majestätische, in Victoria und Tasmanien vorkommende, bis zu hundert Meter hohe Königseukalyptus wird nur noch von den Mammutbäumen Nordamerikas übertroffen. Die Mallees bezaubern durch spektakuläre rote, gelbe und orangefarbene Blüten.

Gleichsam als Erinnerung an die einst hochalpinen Gebirge besitzt Australien noch ein kleines, aber feines Sortiment an Alpengewächsen. Pflanzen wie die große Anemonenblättrige Zapfenblume und die früh erblühende alpine Hovea finden sich hier und dort zwischen den vergletscherten Graniten und losen Sedimenten am Fuß des 2.228 m hohen Mount Koscuisko (New South Wales), dem höchsten Berg Australiens. Die Heidelandschaften der Südküste enthalten eine üppige Vielfalt an endemischen Pflanzen wie Banksien, Hakeen und Grevilleen, die an Buschbrände gewöhnt und gut an die nährstoffarmen Böden angepaßt sind. Der tropische Norden ist die Heimat des merkwürdig geformten Australischen Baobab oder Boab mit seinem bisweilen hohlen Stamm. Der kleine Baum kann in Einzelfällen immerhin bis zu zwölf Meter hoch werden. Der Boab, einer der wenigen laubwechselnden Bäume Australiens, speichert Wasser in seinem faserigen Stamm. Aus seinen Samen und Hülsen läßt sich Mehl gewinnen. Ein besonders geräumiger Boab bei Derby in Western Australia diente im 19. Jahrhundert sogar als Gefängnis!

*Der Eukalyptus ist der häufigste und auffälligste Baum Australiens und macht etwa 95 Prozent des Baumbestands der Wälder und Gehölze aus. Die meisten Eukalyptusarten wachsen in den Küstenregionen, doch einige haben sich gut an die semiariden Sandebenen Zentralaustraliens angepaßt.*

*Die vom afrikanischen Baobab abstammenden australischen Boabs kommen nur im äußersten Norden vor und sind ein besonders häufiger Anblick in der Kimberley-Region (Western Australia). Der bauchige, wenngleich nur selten mehr als zwölf Meter hohe Stamm dient dazu, Wasser und Nährstoffe für Dürrezeiten zu speichern und kann einen Durchmesser von 20 m erreichen.*

Landschaften, Pflanzen und Tiere zeigen nur einen Teil der Vielfalt eines Kontinents. Erst die Menschen vervollständigen das Bild, und die australischen Ureinwohner können auf eine lange und facettenreiche Geschichte zurückblicken. Über Herkunft und ungefähres Eintreffen der ersten Menschen in Australien kursieren mehrere Theorien. Man nimmt an, daß die australischen Aborigines von Menschen abstammen, die in Südost- oder Ostasien lebten, und daß sie von Insel zu Insel (innerhalb des heutigen Indonesien) nach Australien gelangten. Die ersten Australier waren zweifellos versierte Navigatoren. Da Australien nie durch eine Landbrücke mit Asien verbunden war, gilt es als wahrscheinlich, daß die Menschen den Kontinent erstmals auf einfachen, ozeantauglichen Fahrzeugen wie Kanus oder Flößen erreichten.

*Auch wenn man es noch nicht hat beweisen können, geht man davon aus, daß die Aborigines vor mindestens 50.000 Jahren von Südost- oder Ostasien aus nach Australien gelangten. Von Stippvisiten südostasiatischer Fischer an der Nordküste und von sporadischen Landgängen europäischer Entdeckungsreisender und Seefahrer abgesehen, führten die australischen Aborigines ein ungestörtes Leben als nomadisierende Jäger und Fischer, bis 1788 die ersten britischen Soldaten, Strafgefangenen und Siedler eintrafen.*

Die erste Zuwanderung muß vor mindestens 50.000 Jahren erfolgt sein; diese Datierung ergibt sich aus eindeutigen Belegen für die Anwesenheit von Menschen vor ungefähr 40.000 Jahren in Teilen Südaustraliens und berücksichtigt eine allmähliche, von Norden her erfolgte Besiedlung. Archäologische Funde bestätigen, daß der Großteil des Kontinents vor mindestens 30.000 Jahren und die unwirtlichsten Randzonen vor 20.000 Jahren besiedelt waren. Ebenfalls bedeutsam ist die Tatsache, daß der Meeresspiegel vor 50.000 bis 55.000 Jahren weit niedriger lag als heute und somit die Gewässer zwischen den indonesischen Inseln schmaler waren, was eine Überfahrt weit weniger riskant machte.

Beginn und Anzahl der Zuwanderungswellen harren noch der Aufklärung. Gab es nur eine Besiedlung vor 50.000 Jahren, oder sind mehrere Gruppen zu unterschiedlichen Zeiten nach Australien gelangt? Die archäologischen Belege sprechen keine eindeutige Sprache. Manche Wissenschaftler ordnen die Skelette der frühen Australier mindestens zwei verschiedenen Typen zu, wobei sie von einem schweren, archaischen Typ ausgehen, der sich von den heutigen Aborigines deutlich abhebt. Demnach könnte es einige sehr frühe Ankömmlinge gegeben haben, die durch eine spätere Welle von Einwanderern verdrängt wurden.

Lake George, im südlichen New South Wales nahe bei der Bundeshauptstadt Canberra gelegen, liefert einige aufregende Belege für eine womöglich bereits viel frühere Besiedlung Australiens. Da der See keinen natürlichen Abfluß besitzt, steigt und fällt sein Wasserspiegel nach Maßgabe von Niederschlag und Verdunstung. Auf dem über Jahrmillionen hinweg intakt gebliebenen Grund bildete sich allmählich ein bis zu 30 m hohes Sediment, in dem Blätter, Blüten und Pollen aus dem hügeligen Buschland abgelagert wurden. Blätter und Blüten zersetzten sich rasch, doch die winzigen, markanten Pollenkörner überlebten. Durch Identifizieren der Pflanzenarten, die zu den in den einzelnen Schichten gefundenen Pollen gehören, lassen sich langfristige Veränderungen in der Zusammensetzung der den See umgebenden Wälder nachweisen. Auch die in diversen Sedimentschichten gefundene Holzkohle liefert einen Hinweis auf die Häufigkeit von Bränden zu unterschiedlichen historischen Epochen. Diese Studien führten zu der Annahme, daß Menschen die Landschaft in der Umgebung des heutigen Canberra bereits vor mehr als 100.000 Jahren mit Hilfe ihrer Feuerbohrer veränderten. Hierfür gibt es jedoch bisher nur Indizien, und die ältesten nachweisbaren menschlichen Siedlungen in dieser Region sind lediglich 25.000 Jahre alt.

***Das Entstehen der Kultur der Aborigines***

Der 1975 in New South Wales entdeckte und vor etwa 30.000 Jahren gestorbene „Mungo Man" ist das älteste und vollständigste je in Australien gefundene Skelett. Die Entdeckung erfolgte im Zuge von Hinweisen auf einen an Nahrung (Süßwassermuscheln, Fische) reichen Lebensraum – was überrascht, denn Lake Mungo ist heute ein Salzsee, 400 km vom Meer entfernt. Man weiß jedoch, daß der See zu Lebzeiten des Mungo Man zu einer Kette von großen und tiefen Süßwasserseen gehörte. Damals lebten die Ureinwohner in großen Gemeinschaften an deren Ufern. Im Winter sammelten sie ihre Nahrung in den umgebenden Wüsten, im Sommer jedoch waren sie stark auf die Seen angewiesen. Diese Menschen nahmen Totenverbrennungen vor, hatten bereits Techniken zum Fischfang und zur Jagd auf Kleinsäuger entwickelt und kannten Steinwerkzeuge und Feuerstätten. Die komplexen Rituale und Symbole der Aborigines, die vor ungefähr 30.000 Jahren am Ufer von Lake Mungo lebten, lassen die tiefen kulturellen Wurzeln des traditionsorientierten Lebens der heutigen Aborigines erahnen.

Als 1788 die ersten europäischen Siedler eintrafen, benutzten die Ureinwohner mehr als zweihundert verschiedene Sprachen; berücksichtigt man sämtliche Varianten und Dialekte, waren es sogar über 800. Traditionsgemäß gab es keine Schriftsprache, denn „Gesetz" und „Wissen" wurden der nächsten Generation mündlich überliefert. Feste Bande zwischen den australischen Ureinwohnern entstanden durch gemeinsame kulturelle Wurzeln, Geographie und Naturgeschichte des Landes, Handelskontakte und Vorstellungswelten sowie ihre „Schöpfungsgeschichten", ein ungemein bedeutsamer Aspekt ihrer Kultur, der – ebenso wie die hochgeschätzten Perlmuscheln, Ockerfarben und steinernen Beilklingen – alle Sprachbarrieren überwand.

Die Schöpfungsgeschichten sind von grundlegender Bedeutung für die Glaubens- und Rechtssysteme sämtlicher Aborigines-Gemeinschaften und zeigen trotz lokaler Detailunterschiede viele gemeinsame Grundmuster. Eine dieser weitverbreiteten Grundlagen ist die Vorstellung von Schöpfungswesen, die über das Land zogen und dabei alle Landschaftsformen und Lebewesen schufen. Diese Schöpfungswesen werden stark mit den Toten, Lebenden und künftigen Menschen verknüpft, wobei sich zwischen den Toten und den Lebenden bestimmte Obhutpflichten herausbilden. Die Schöpfungswesen und die um sie kreisenden Geschichten besitzen zahlreiche Deutungsebenen, deren Kenntnis zu den Übergangsriten im irdischen Leben eines jeden Menschen gehört. Die gemeinsamen physischen, intellektuellen und spirituellen Elemente der Schöpfungsgeschichten

*Es erscheint nahezu unglaublich, daß es an der Stelle des heutigen Mungo National Park im wüstenhaften Outback von New South Wales einst Süßwasserseen gab, daß hier eine üppige Tierwelt beheimatet war und Menschen lebten. Der Park ist Teil der Region Willandra Lakes (Welterbe der Unesco) und besteht zu einem großen Teil aus Sanddünen und Salzseen, auf denen hier und da nur einzelne, ungemein robuste Pflanzen gedeihen. Diese Region birgt auch einige besondere archäologische Schätze: 40.000 Jahre alte Spuren vom Leben und den Ritualen der Aborigines.*

benachbarter Völker sorgen für die Anbindung an eine umfassendere Gesellschaft, und alles Wissen, Recht und Verständnis ergibt sich allein aus der vollkommenen Vertrautheit mit dem Glaubenssystem. Diese Spiritualität firmiert unter einer Vielzahl von Namen, wobei jede einzelne Sprache über ein eigenes, präzises Vokabular verfügt. Außenstehende bezeichnen dies oft als „Traumzeit" oder „Träumen" – Ausdrücke, die viele Aborigines eher vermeiden würden. Oft gibt man dem passenden regionalen Namen den Vorzug, der etwa in Zentralaustralien *tjukurpa* lautet. Ganz ähnlich existieren auch regional unterschiedliche Selbstbezeichnungen der Aborigines: *anungu* oder *yapa* in Zentralaustralien, wohingegen man in Sydney und Umgebung meist den Begriff *koori* vorzieht.

*In vielen Teilen Australiens begegnet man Kunstwerken der Aborigines in Form von Felsmalereien und -gravuren. Stil und Inhalt variieren beträchtlich, doch häufig wiederkehrende Motive sind Fische, Schlangen, Warane, Känguruhs, Menschen und merkwürdige Gestalten aus der Geisterwelt. Diese farbenprächtigen Wandmalereien befinden sich im abgelegenen Keep River National Park an der Grenze zwischen Western Australia und Northern Territory.*

Als Gouverneur Arthur Phillip am 26. Januar 1788 in Sydney Cove die englische Flagge hißte und die Hälfte des australischen Kontinents als neue Kolonie New South Wales in Besitz nahm, waren einige ortsansässige Ureinwohner als Zuschauer anwesend. Nach Phillips Schätzung lebten damals 1.500 Aborigines an den Buchten im Raum Sydney. Lange nahm man an, daß Australien 1788 von nur etwa 300.000 Menschen bevölkert war, jüngere Studien legen für diesen Zeitpunkt jedoch die stattliche Zahl von 750.000 Ureinwohnern nahe.

Es verwundert kaum, daß zwischen den Traditionen und Gebräuchen der Ureinwohner regionale Unterschiede bestanden. Im Raum Sydney und im küstennahen Südaustralien lebten die Aborigines in Gruppen von bis zu hundert Menschen, bei einer Bevölkerungsdichte von etwa einem Einwohner auf zwei Quadratkilometer. Die am nördlichen und am südlichen Rand von Sydney Harbour lebenden Gruppen hatten unterschiedliche Sprachen, und zwischen manchen von ihnen bestanden allenfalls sporadische Kontakte. Das Land bot das ganze Jahr über reichlich Nahrung: Jede Gruppe kam daher mit einer relativ kleinen Fläche aus, und es bedurfte keiner weiten Wege, um sich mit Grundnahrungsmitteln wie Fisch, Schalentieren, Kleinsäugern, Beeren und Früchten zu versorgen. Männer wie auch Frauen betrieben Fischfang – die Männer mit Speeren und die Frauen mit Netzen oder Angelschnüren. Wie damals üblich, wurde das Gros der Nahrung von den Frauen beschafft. An den Ufern suchte man Schutz unter Felsüberhängen, und so entstanden große, bis heute in reicher Zahl erhaltene Muschelhaufen *(middens)*. Auch der Bumerang war damals bereits gebräuchlich. Bis zu fünf Meter lange Kanus fertigte man aus der Rinde bestimmter Eukalyptusbäume *(stringy-bark trees)*. In der Umgebung des Hafens finden sich zahlreiche, in die Sandsteinfelsen geritzte Darstellungen von Tieren und anthropomorphen Figuren, die vermutlich Ahnenwesen darstellen.

### *Aborigines der Hochlandregionen*

Die Hochland-Aborigines („Mottenjäger") des südlichen New South Wales besetzten aufgrund ihrer saisonabhängigen und weniger üppigen Nahrungsquellen weit größere Territorien als ihre Verwandten an der Küste. Die Stämme im Hochland konnten eine Fläche von bis zu 50 $km^2$ pro Person als Lebensraum beanspruchen. Mehrere große Stammesverbände wie die Walgalu und Ngarigo nahmen einen Großteil der Monaro Plains und Snowy Mountains im heutigen New South Wales in Beschlag. Ein typischer Clan bestand etwa aus zwanzig Männern, Frauen und Kindern, und da man regelmäßig weiterziehen mußte, um den Lebensunterhalt zu bestreiten, hatte man nur wenige Besitztümer. Leichte Übernachtungshütten fertigte man aus Baumrinde; Dauerbehausungen errichtete man nur, wenn vor Ort ausreichend Nahrung vorhanden war.

Die Frauen waren mit Grabstock, Holzschalen und Umhängen aus Opossumfell (wegen des oftmals kühlen Gebirgsklimas) ausgestattet. Die Männer führten Keulen, Bumerangs, Speere und vielleicht eine Steinaxt mit sich und trugen meist ebenfalls Fellkleidung. Einige Speere aus dieser Region weisen ein besonderes Merkmal auf: Die Spitze des langen Holzschafts war mit bis zu zwölf scharfen Quarzsplittern versehen, die als Widerhaken dienten, nachdem der Speer in tierisches oder menschliches Fleisch eingedrungen war.

Das ganze Jahr über als Nahrungsquelle verfügbar waren Känguruhs, Pinselschwanzbeutler und Vögel wie Enten und Trauerschwäne, wobei Emufleisch als besonders schmackhaft galt. Im Sommer wurden Flußfische wie Murray-Dorsch oder Macquarie-Flußbarsch gespeert oder mit Hilfe von Blättern des Teebaums oder Hickory-Busches narkotisiert. Die dauerhaft wasserführenden Flüsse bargen weitere Delikatessen wie *Yabbies* (Flußkrebse), Schnabel- und Schalentiere. Die Frauen sammelten die weitverbreiteten *Yam Daisies* (Microseris scapigera), deren Wurzelstöcke roh oder geröstet verzehrt wurden.

Alljährlicher Höhepunkt des Speisezettels und der Grund dafür, daß die Hochland-Aborigines als „Mottenjäger" tituliert wurden, war die sommerliche Wanderung der Bogong-Motten (Erdeulen), die sich nach Beendigung ihrer Winterruhe zu Millionen in den Granitspalten der Gebirgsketten von Tinderry, Brindabella und Bogong in Victoria und im südlichen New South Wales einfanden. Die fetten, ausgewachsenen Motten wurden durch Rauch aus ihren Verstecken getrieben, in heißer Asche geröstet, durch geschicktes Worfeln von Asche und Sand befreit und in gewaltigen Mengen verzehrt. Die Motten waren für die Aborigines ein solcher Segen, daß manche von ihnen Hunderte von Kilometern zurücklegten, um den Festschmaus nicht zu versäumen. Die Mottensaison bot überdies einen besonderen Anlaß für Kontakte und Zeremonien. Große Steinsetzungen („Bora-Ringe") an exponierten Granithängen waren wichtige Stätten der Initiation und Spiritualität. Noch heute findet man dort an einigen Felsüberhängen Ocker-Malereien, die jedoch in puncto Stil und Ausmaß nicht an die nordaustralischen Bildwerke heranreichen. Zeremonielle Kämpfe und gruppenübergreifende Hochzeiten waren ebenfalls fester Bestandteil der großen Mottenernte.

*Der Pinselschwanzbeutler galt den Aborigines einst als Delikatesse. Heute ist er jedoch derart weit verbreitet, daß er stellenweise als Schädling betrachtet wird. Er kommt in fast allen Städten Australiens vor und nistet in Baumlöchern von Vorstadtgärten oder sogar Dachspalten.*

*Die Bogong-Motte (Agrotis infusa) gehört zur Familie der Eulenfalter (Noctuidae), deren Raupen die ungemein schädlichen „Heerwürmer" (army worms) und „Schneidwürmer" (cut-worms) umfassen. Die Falter galten den Hochland-Aborigines des südlichen New South Wales jedoch einst als begehrte Delikatesse. Der Name Bogong bedeutet in der Sprache der Aborigines „große Motte".*

### *Aborigines im tropischen Norden*

Ziemlich anders gestaltete sich dagegen das Leben der Aborigines im nördlichen Australien, beispielsweise in der Heimat des Gagadju-Volks, dem heutigen Kakadu National Park. Nicht-Aborigines unterteilen das Leben im tropischen Norden in zwei Jahreszeiten: in die „Nasse" von November bis April und in die „Trockene" von Mai bis Oktober. Dagegen gab es in einer der Sprachen der Aborigines mindestens sechs verschiedene Begriffe für Jahreszeiten, die jeweils mit dem

*Der Kakadu National Park ganz im Norden des Northern Territory liegt bereits ein gutes Stück in den Tropen. Obgleich man die Jahreszeiten hier in „Naß" und „Trocken" unterteilt, ist das Klima doch fast das gesamte Jahr über vergleichsweise heiß und feucht, so daß eine ungemein üppige Vegetation entstehen konnte. Das weitgehend tiefliegende Land wird von den Überschwemmungsebenen des East, South und West Alligator River dominiert, mit Regenwaldgewächsen, Schraubenpalmen und Papierrindenbäumen sowie Mangroven auf den salzigen Gezeitenbänken. Auch die Tierwelt ist entsprechend vielfältig, woran selbst eine jahrtausendelange Bejagung durch die Aborigines nichts änderte.*

*Der Kakadu National Park birgt einige der bedeutendsten Stätten der Kunst der Aborigines, so etwa die faszinierenden „Galerien" von Ubirr Rock. Besonderes Merkmal dieser Malereien – auf der ganzen Welt gibt es kaum ältere – sind die strichmännchenartigen „Mimi"-Figuren: kleine, zerbrechlich wirkende Geister, die nach dem damaligen Glauben in den Felslandschaften der Kakadu-Region lebten. Wenngleich der Nationalpark auch mit einer prachtvollen Landschaft und Tierwelt aufwarten kann, verdankt er die 1981 erfolgte Einstufung als Welterbe (Unesco) größtenteils diesen auch international bedeutenden prähistorischen Kunststätten.*

Nahrungsangebot an unterschiedlichen Orten verbunden sind. Auf *Yegge,* die kühle, doch feuchte Zeit von Mai bis Juni, folgten das trocken-kühle *Wurrgeng* und das trocken-heiße *Gurrung.* Die Vorphase der feuchten Jahreszeit von Oktober bis Dezember war das *Gunumeleng,* und die „Nasse" unterteilte man in zwei Abschnitte: die Monsunzeit oder *Gudjewg* und die Sturmzeit des *Bang-gereng.*

Aufgrund der tropischen Jahreszeiten war das Nahrungsangebot stark saisonabhängig, so daß die Menschen zu bestimmten Zeiten von ihren trockenen Felsbehausungen zu den Sümpfen und Flüssen der Überschwemmungsebenen herabstiegen. In diesen Wanderungsperioden legte man jeden Tag bis zu zehn Kilometer zurück – Männer, die allein auf die Jagd nach Fischen, Säugetieren und Vögeln gingen, bis zu 30 km. Wichtige Beutetiere waren Spaltfußgänse (auch deren Eier) und Schildkröten aus den Sümpfen, während die Frauen Beeren, Früchte und Knollen sammelten.

### *Aborigines der Wüstenregionen*

Das Leben der Aborigines in den zentralen Wüsten war mit besonderen Problemen behaftet. Nahrung und Wasser waren knapp bemessen, so daß die Menschen ständig umherzogen und Wasserquellen den Mittelpunkt ihrer Existenz bildeten. Die Gruppen bestanden nur selten aus mehr als zwanzig Individuen und waren in riesigen Gebieten beheimatet. Da Nahrung nur selten in Hülle und Fülle vorhanden war, gab es kaum Anlässe für größere Zusammenkünfte – allenfalls in Zusammenhang mit ungewöhnlich starken Regenfällen, die eine Nahrungsschwemme mit sich brachten. Die Männer machten mit Speeren, Bumerangs und Keulen Jagd auf Känguruhs, Warane und Vögel, trugen damit aber nur in geringem Maße zur täglichen Versorgung bei. Die Frauen sammelten Samen, Früchte, Ameisen und andere Insekten und konnten – mit der genauen Kenntnis von mehr als hundert Arten von Wüstenpflanzen und deren Fruchtzyklen – innerhalb von nur wenigen Stunden die Tagesration für die gesamte Gruppe beschaffen.

Die Frauen transportierten ihre Schätze in hölzernen Schalen vorsichtig auf dem Kopf und „jagten“ mit Hilfe schwerer Grabstöcke. Mit diesem Instrument erschlossen sie eine kostbare, wenngleich merkwürdige Nahrungsquelle: die ein bis zwei Meter unter dem Mulga-Busch (Acacia aneura) des ariden Zentralaustralien lebende Honigameise, die noch heute als ganz besondere Delikatesse gilt.

Viele Felsbehausungen der Wüstenzone wurden und werden stellenweise noch mit Farben aus Ocker und Asche dekoriert. Einige Bilder zeigen Jagdszenen, Reiseeindrücke und andere alltägliche Dinge, andere wiederum haben eine tiefe spirituelle Bedeutung. Stätten wie Uluru (Ayers Rock) sind nunmehr durch die eigenen Gesetze der Aborigines und durch Bundesgesetze streng geschützt.

Die Aborigines in den einzelnen Landesteilen unterscheiden sich bis heute in puncto Lebensweise und Traditionen. Obgleich viele Volksstämme heute aktiv für den Erhalt ihrer traditionsreichen Glaubensvorstellungen und Gebräuche eintreten, bleibt doch kein Teil des Kontinents von der modernen Welt unberührt, und in manchen stadtähnlichen Siedlungen der Ureinwohner ist ein Bezug zur traditionellen Lebensweise kaum mehr vorhanden.

Das Eintreffen der Europäer im Jahr 1788 markierte auch den Beginn einer falschen Vorstellung über das Wechselspiel zwischen den Aborigines und dem Land, von dem sie lebten. Grundlegend, aber falsch war etwa die Annahme, die Aborigines seien „ein zeitloses Volk in einem zeitlosen Land“, um eine vielzitierte Wendung anzuführen. Dieses Diktum ist natürlich unzutreffend, denn das Land hat sich im

*Wie ihre Vorfahren dies jahrtausendelang taten, sammeln auch diese in Queensland lebenden Aborigines-Frauen bestimmte Samen* **(oben)***. Traditionell sind die Frauen für die Beschaffung des Großteils der Tagesration zuständig, wobei pflanzliche Kost durch Ameisen, Raupen und andere ausgegrabene Insekten ergänzt wird.*

*In den ariden Inlandswüsten ein Auskommen zu finden, hielten die ersten europäischen Siedler für schlichtweg unmöglich, ganz im Gegensatz zu den Aborigines. Mit entsprechendem Einfallsreichtum verwandelten sie Pflanzen, Säugetiere, Vögel, Insekten und Reptilien in nahrhafte Speisen. Nicht jeder mag diese Goannas – eine Waranart* **(links)** *– für sonderlich appetitlich halten, doch für die Aborigines bedeuten sie eine wohlschmeckende und höchst begehrte Mahlzeit.*

*Brände im australischen Busch sind seit langem ebenso eine Naturerscheinung wie ein Methode der Aborigines, Land und damit mehr Nahrung zu gewinnen. Obgleich ein Buschfeuer unmittelbar verheerend wirkt, erholen sich die in Australien heimischen Pflanzen bemerkenswert rasch. Für manche Pflanzen ist Feuer gar ein Segen – so für den höchst feuerbeständigen Grasbaum (Xanthorrhoea), der nach einem Brand sogar erblüht. Viele Eukalypten besitzen eine hitzeresistente Rinde. Pflanzen wie die Banksien und Kasuarinen bilden Samen, die im Boden ruhen, bis ein Feuer sie zum Keimen veranlaßt und rasch neue Triebe entstehen.*

Lauf der Jahrtausende recht stark verändert, und mit den Jahrhunderten auch die Aborigines selbst. Noch wichtiger ist, daß die australischen Ureinwohner das Land und somit auch seine Tierwelt beeinflußt haben. Heute weiß man, daß die Jagd und der Gebrauch von Feuer einen erheblichen Einfluß ausgeübt haben. Die Aborigines waren womöglich sogar an der Auslöschung der australischen Riesenbeutler vor etwa 20.000 Jahren beteiligt. Wenn von einer australischen „Naturlandschaft" die Rede ist, bezieht man sich meist auf die Zeit vor den Europäern, doch eine solche jungfräuliche Umwelt kann nur vor dem Eintreffen der Aborigines existiert haben. Über die Ausprägung dieser Landschaft lassen sich jedenfalls nur Vermutungen anstellen.

## SIEDLER WIDER WILLEN: DIE ERSTEN EUROPÄER

*Nachdem man 1872 in Pine Creek (Northern Territory) auf Gold gestoßen war, wurde die entlegene Bahnstation der Overland Telegraph Line förmlich überschwemmt. Männer und Ausrüstung legten die 230 km große Entfernung zwischen Darwin und Pine Creek ursprünglich per Treck zurück, doch ab Mitte der 80er Jahre des 19. Jahrhunderts gab es eine weitgehend von billigen chinesischen Arbeitern errichtete Eisenbahnverbindung. Eine Zeitlang lebten in Pine Creek fünfzehnmal mehr Chinesen als Europäer.*

Die europäische Besiedlung Australiens klingt wie eine ziemlich unglaubliche Geschichte. Die ersten und meist widerwilligen Pioniere, die auf Geheiß George III. auf elf Schiffen 1788 in Australien eintrafen, waren eine 1.030 Köpfe umfassende, bunt zusammengewürfelte Truppe von Sträflingen, deren Bewachern und freien Siedlern. Unter den 759 männlichen und weiblichen Gefangenen befanden sich Berufs- und Gelegenheitsdiebe, Prostituierte und Soldaten, die sich gegen ihre Vorgesetzten erhoben hatten. Ein schöner Grundstock für eine junge Nation!

Die neue Kolonie wurde von Captain Arthur Phillip errichtet, dem ersten Gouverneur von Sydney Cove. Aus dem winzigen Hafen wurde in nur zehn Jahren ein Zentrum des Südseehandels und des Exports etwa von Robbenfellen und Walerzeugnissen. Mit der Zeit trafen Tausende von Siedlern und Häftlingen ein, so daß man in Queensland, Tasmanien und Western Australia weitere Sträflingssiedlungen gründete. Den Transport von Gefangenen nach New South Wales hatte man 1840 zwar eingestellt, doch Goldfunde führten im folgenden Jahrzehnt dort und in anderen Landesteilen zu einer massiven Zuwanderungswelle. Neben englischen, schottischen und irischen Siedlern kamen auch Glücksritter aus China, Deutschland, den USA und vielen anderen Teilen der Welt.

Vor allem die Chinesen kamen des Goldes wegen nach Australien, so daß man ihnen auf allen Goldfeldern begegnete, von den Snowy Mountains in New South Wales bis hinauf nach Pine Creek im Northern Territory. Eine 1857 in Victoria durchgeführte Volkszählung ergab 25.424 gebürtige Chinesen, darunter ganze drei Frauen! Die Goldfelder waren armselige, bisweilen durch ethnische Konflikte geprägte Orte. Dennoch galten die australischen Schürfstätten als relativ wohlgeordnet,

*Die in den 50er Jahren des 19. Jahrhunderts geglückte Entdeckung reicher Goldvorkommen in Victoria führte zu einem raschen Anstieg der Bevölkerung ebenso wie zum Anschwellen der Staatskasse. Melbourne, die Hauptstadt von Victoria, wurde wohlhabend und einflußreich und machte Sydney den Rang als „erste" Stadt streitig. Im Zuge des Wirtschaftsbooms der 70er und 80er Jahre entstanden zahlreiche große Gebäude wie das für die Great Melbourne Exhibition 1880–81 errichtete Royal Exhibition Building mit seiner gewaltigen Kuppel.*

verglichen mit der Gesetzlosigkeit des Goldfiebers, das zeitgleich auch auf anderen Kontinenten ausgebrochen war.

Der Goldrausch der 50er und 60er Jahre des 19. Jahrhunderts hatte einen großen Einfluß auf die im Entstehen begriffene Nation. Erstens war Gold mit Wohlstand verbunden, und zweitens etablierte der enorme Wert der in Victoria gemachten Goldfunde Melbourne als eine Siedlung von ähnlichem Einfluß, wie ihn Sydney, die „erste Stadt", besaß. Der Machtkampf zwischen den beiden Städten besteht bis heute fort. Ein weiterer Faktor war der Zusammenhalt der Goldgräber, den man als Grundlage der typisch australischen egalitären Persönlichkeit ansehen kann. Auch die später im 19. Jahrhundert erfolgten Bemühungen, Gewerkschaften zu gründen, das allgemeine Wahlrecht durchzusetzen und die Macht der Zentralregierung anzufechten, werden nur vor dem Hintergrund der Goldgräberzeit verständlich. Deren antiasiatische Konflikte markieren schließlich den Beginn einer rassistischen „White Australia"-Philosophie, an der man offiziell mehr als hundert Jahre festhielt.

Ende des 19. Jahrhunderts exportierten die australischen Kolonien große Mengen an Gold und Wolle – fast ausnahmslos nach Großbritannien – und wurden international zu einem immer größeren Einflußfaktor. Die vordem eigenständigen Kolonien schlossen sich 1901 zu einem Bundesstaat mit eigener Regierung zusammen. Neuseeland, damals ebenfalls eine britische Kolonie, wäre beinahe zum siebten Bundesstaat innerhalb des Commonwealth geworden, zog sich jedoch aus dem abschließenden Volksentscheid zurück. Dennoch bestehen zwischen beiden Ländern seit jeher enge Bande. So etwa begründete das Australian and New Zealand Army Corps (ANZAC) im Ersten Weltkrieg eine stolze „trans-tasmanische" Tradition und verhalf den beiden noch ganz jungen Nationen zu einer ersten internationalen Identität.

*Erbaut während der goldenen 80er Jahre des 19. Jahrhunderts, in denen Melbourne als „Marvellous Melbourne" firmierte, verkörpert das schmuckvolle Princess Theatre eines der berühmtesten viktorianischen Gebäude der Stadt und ist zugleich dessen ältestes, noch heute für Großereignisse genutztes Theater. Die Ende der 80er Jahre des 20. Jahrhunderts vorgenommene Restaurierung läßt das Gebäude mit seiner Kuppel, dem verspielten Stuck, dem berühmten Posaunenengel und dem eleganten Interieur in alter Pracht erstrahlen.*

Australien hat inzwischen eine ausgeprägte Identität erlangt und seinen Platz in der Weltgemeinschaft gefunden. In den 50er und 60er Jahren des 20. Jahrhunderts erfuhr die Kultur der Nation im Zuge großer Einwanderungswellen aus dem nicht-englischsprachigen Europa, vor allem aus Italien und Griechenland, eine tiefgreifende Veränderung. Man sagt, Melbourne sei nach Athen und Thessaloniki die drittgrößte „griechische" Stadt. Neu-Australier der jüngeren Vergangenheit sind die Zuwanderer aus dem Nahen Osten und aus Südostasien, was eine grundlegende Veränderung des Stadtbilds zur Folge hatte. Die zahlreichen multikulturellen Einflüsse wandelten und erweiterten die Selbstwahrnehmung und die Weltsicht der Australier.

*Seit den ersten, noch tastenden Anfängen Mitte des 19. Jahrhunderts erstreckte sich die Rinderhaltung auf zunehmend größere Bereiche von Queensland, Western Australia und des Northern Territory, verbunden mit Hitze, Staub, Krankheiten und Entbehrungen für Mensch und Tier. Australiens Outback-Historie ist mit unglaublichen Viehtreiber-Geschichten gespickt, so mit jener des legendären Trecks der Duracks, die mit 7.000 Rindern von Queensland aus in den Norden von Western Australia zogen.*

Eine der einflußreichsten Bewegungen des späten 20. Jahrhunderts hat es sich zum Ziel gesetzt, die natürliche Umwelt der australischen Farmen zu schützen, denn der „Fortschritt" hat ein tragisches Vermächtnis hinterlassen. Die Weideaktivität von 26 Millionen Rindern und 150 Millionen Schafen und die Bewirtschaftung von etwa acht Millionen Hektar Land schufen ungeheure Probleme: die Verdrängung heimischer Vegetation, die Bodenerosion, die Absenkung der Grundwasserspiegel und die Einführung exotischer Schädlinge – all das hatte gravierende Folgen für das Land und seine Ökosysteme. Ein nationales Landespflegeprogramm mit dem Ziel, die seit zwei Jahrhunderten fortschreitenden Schädigungen zu stoppen oder gar rückgängig zu machen, genießt die breite Unterstützung der Landbevölkerung.

Australien hat heute mehr als 18 Millionen Einwohner und versorgt viele Millionen Menschen auf der ganzen Welt mit Nahrungsmitteln. In alle Welt exportiert werden Schaf- und Rindfleisch, Weizen, Gerste, Zucker, Obst, Fisch und Milchprodukte. Noch zu Beginn des 20. Jahrhunderts bestand Australien aus einer Reihe englischer Kolonien, die in puncto Kultur, Wirtschaft und Verteidigung ganz auf Großbritannien angewiesen waren. Eine Einwanderungspolitik, die nur Weiße zuließ, war die Norm, und die Aborigines existierten offiziell gar nicht. Heute hat Australien allen Grund, stolz zu sein, denn es vereint Altes und Neues in ganz besonderer Weise, was sich auch an seiner wirklich multikulturellen Bevölkerung zeigt. Die abwechslungsreichen Landschaften, die einzigartige Tier- und Pflanzenwelt, Glanzpunkte wie das Snowy Mountains Hydro-Electric Scheme zur Bewässerung des trockenen Binnenlands, architektonische Ikonen wie die Sydney Harbour Bridge, das Sydney Opera House und das New Parliament House in Canberra – all dies macht Australien so ungemein interessant.

*Schafe gelangten bereits 1788 mit den ersten europäischen Siedlern nach Australien und wurden seither zu einem der landesweit bedeutendsten Wirtschaftsfaktoren. Fast 75 Prozent der Schafe sind Merinos, die auf eine spanische Rasse zurückgehen. In den Jahren 1982 bis 1986 machte die aus Australien stammende Wolle 55 Prozent der Weltproduktion an Merinowolle und damit etwa die Hälfte der international vermarkteten Wollmenge insgesamt aus.*

# *Der* NORDEN

## DAS »TOP END« – TROCKEN UND TROPISCH

Der hohe Norden des Kontinents weit jenseits des Südlichen Wendekreises ist für die meisten Australier eine Welt für sich. Das durch den Monsun geprägte Klima wird meist unterteilt in die „Nasse" („the Wet"), also die heiße Regenperiode von Oktober/November bis März/April und in die „Trockene" („the Dry"), die immer noch heißen, jedoch nicht gar so feuchten übrigen Monate. Im Kakadu National Park fallen im Jahresdurchschnitt 1.400 mm Regen, und verheerende Sommerwirbelstürme und ausgeschwemmte Straßen bedeuten eine Gefahr für weite Teile der Region. Es sind jedoch die Abgeschiedenheit, die reiche Tierwelt, die erstaunliche Flora und die ungewöhnlichen Farben der Landschaft, die dazu beigetragen haben, daß diese Region liebevoll als „Top End" („oberes Ende") bezeichnet wird.

Asien dicht gegenüberliegend, verkörperte der Norden gewissermaßen die Eingangspforte des Kontinents. Man nimmt an, daß die ersten Aborigines vor mehr als 40.000 Jahren von Südost- oder Ostasien kommend an dieser Küste landeten. Der prächtige Kakadu National Park im Northern Territory – der größte Nationalpark Australiens – ist der perfekte Ort, um das Leben der Aborigines besser kennenzulernen. Dieses als Welterbe eingestufte Reservat aus Steilabbrüchen, Wasserfällen, Flüssen und Feuchtgebieten ist seit mindestens 25.000 Jahren die Heimat von Aborigines. Hiervon zeugen die lebendigen „Röntgenstil"-Zeichnungen von Ubirr Rock und die bunten Wandmalereien von Nourlangie Rock. Der Nationalpark befindet sich heute unter der Obhut der dort lebenden Aborigines.

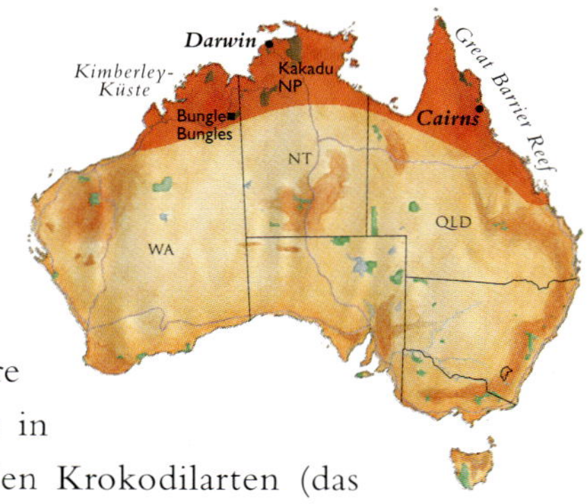


Das Reservat beherbergt eine spektakuläre Tierwelt, so etwa beide in Australien vorkommenden Krokodilarten (das harmlose Süßwasser- und das Salzwasserkrokodil), Schlangen, Warane und exotische Fische. Dingos und Wasserbüffel durchstreifen die Ebenen. Großstörche (Jabirus), Brolga-Kraniche und Pelikane leben in den Überschwemmungsebenen der drei Alligator Rivers.

Den Kakadu National Park säumt der 600 km lange Steilabbruch von Arnhem Land. Der Zutritt zu diesem Reservat der Aborigines ist beschränkt, für Touristen bietet sich zum Ausgleich der Gurig National Park an. Die Präsenz von Weißen beschränkt sich auf die Halbinsel Gove (Bauxitabbau) und auf die Manganminen auf Groote Eylandt im Golf von Carpentaria.

Die von der Kunst der Aborigines gesäumten Schluchten, der Regenwald und die Vogelwelt des Nitmiluk (Katherine Gorge) National Park sind ebenso beachtlich wie die 500 Millionen Jahre alten Kalksteinformationen und -höhlen im nahegelegenen Cutta Cutta. Der Elsey National Park umfaßt annähernd 14.000 ha vom Oberlauf des Roper River und besteht in der Warmwasserzone der Thermalquellen von Mataranka aus Regenwald. Der weiter nördlich gelegene Litchfield National Park macht mit Wasserfällen, eigentümlichen Sandsteinformationen und großen Termitenhügeln auf sich aufmerksam.

*Die verwitterten Kegel des Bungle-Bungle-Massivs* ***(links)*** *spiegeln sich nach einer seltenen Regenperiode in den Wasserlachen. Im ariden hohen Norden von Western Australia zieren Hunderte dieser bienenkorbartigen Sandsteinhügel die flache Landschaft. Obgleich sie den Aborigines seit jeher bekannt waren, fanden die Bungle Bungles erst in den 80er Jahren des 20. Jahrhunderts allgemeine Beachtung.*

***Vorhergehende Doppelseite:*** *Boabs sind in der Kimberley-Region im nördlichen Western Australia und am „Top End" des Northern Territory ein vertrauter Anblick. Diese eigenartigen Gewächse besitzen einen flaschenförmigen Stamm, der später häufig hohl wird. Rechts im Hintergrund des in der Nähe von Derby aufgenommenen Fotos ist einer der hier ebenfalls häufigen Termitenhügel zu sehen.*

*Der künstlich angelegte Lake Argyle, Teil eines umfassenden Bewässerungsprojekts im östlichen Kimberley, ist einer der wenigen Binnenseen der Region **(oben)**.*
*Die zerklüftete Küste an der Nordspitze von Western Australia jenseits von Derby, auf Höhe des Buccaneer-Archipels **(links)**, zählt zu den entlegensten Regionen Australiens.*

Port Darwin, die nach Charles Darwin benannte Stadt, erblühte nach zahlreichen fehlgeschlagenen Versuchen erst, nachdem man in den 70er Jahren des 19. Jahrhunderts in dieser nördlichen Region auf Gold gestoßen war. Heute ist Darwin ein Schmelztiegel mit 76.000 Einwohnern, die sich aus etwa 45 ethnischen Gruppen zusammensetzen. Die Launen des tropischen Wetters erschweren das Leben oft sehr. Die wechselvolle Geschichte verzeichnet ebenso die Bombardierung durch Japan im Zweiten Weltkrieg wie die Verwüstungen, die der Wirbelsturm Tracy 1974 anrichtete. Die multikulturelle Stadt blickt über die Timor- und Arafurasee hinweg nach Norden gen Asien. Zwischen Darwin und Indonesien liegen Bathurst und Melville Island – die Heimat des Tiwi-Volkes, dessen Isolation die Entwicklung einer eigenständigen Sprache und Kultur zur Folge hatte, die sich von jener der Festland-Aborigines deutlich unterscheidet.

Die meisten nördlichen Städte im Northern Territory entstanden in der Umgebung von Rinderfarmen und der in den 70er Jahren des 19. Jahrhunderts errichteten Overland Telegraph Line. Die Verlegung der Telegrafenleitung führte zur Gründung von Katherine, Daly Waters und Pine Creek, wobei letzterer Ort noch vom Goldrausch des Jahres 1872 profitierte, der Glücksritter vieler Nationalitäten in die vordem abgeschiedene Region brachte.

Von Katherine aus durchfährt man auf dem nach Western Australia führenden Victoria Highway eine dünnbesiedelte Region mit dem Keep River und dem Gregory National Park und ihren Höhlenmalereien, Flüssen und spektakulären Schluchten. Das nahegelegene Victoria River Downs war einst mit unglaublichen 30.000 km² die weltgrößte Rinderfarm. Südlich davon erstrecken sich das Land der Aborigines und die trostlose Tanami-Wüste.

*Der Sommermonsun verwandelt die Überschwemmungsebenen von Kakudu in ein riesiges Feuchtgebiet, das Tausenden von Wasservögeln Zuflucht bietet **(links)**.*

*Diese im Kakadu National Park entstandene Aufnahme **(unten)** zeigt das Yellow Water Billabong (Wasserloch).*

Gleich hinter der Grenze zu Western Australia und südlich der Stadt Kununurra führt der Victoria Highway in die riesige, abgelegene Kimberley-Region – ein Land mit zerklüfteten Küsten, prachtvollen Sandsteinformationen, Kalksteinschluchten, Flüssen, Rinderfarmen und einer reichen Aboriginal-Tradition. Das moderne Kununurra, errichtet als Zentrum eines in den 60er und 70er Jahren des 20. Jahrhunderts realisierten Bewässerungsprojekts, bietet einen markanten Kontrast zu den seit langem in der Region bestehenden Aboriginal-Siedlungen. Lake Argyle, Australiens größter Stausee, bewässert immense Flächen von Agrarland. Weiter im Süden werden in der Argyle Diamond Mine, Australiens einziger Diamantenmine, auch sehr wertvolle weiße, champagnerfarbene und sogar rosa Diamanten gewonnen.

Das Kimberley-Plateau umfaßt gleich mehrere Nationalparks. Besondere Erwähnung verdient der Purnululu (Bungle Bungle) National Park mit seinen geschichteten Felstürmen. Die fragilen, bis zu 300 m hohen und an Bienenkörbe erinnernden Hügel und Kuppeln bestehen aus 350 Millionen Jahre altem Sandstein. Die Bungle Bungles wurden schon von den Aborigines häufig aufgesucht, die dort Felskunstwerke, Begräbnis- und Andachtsstätten hinterließen. Der Mirima (Hidden Valley) National Park bietet einen ähnlichen Anblick; sein besonderes Merkmal sind die dickbäuchigen Boab-Bäume. Kalkstein prägt den Windjana Gorge und den Geikie Gorge National Park – mit Flüssen, Schluchten, Krokodilen, Felskänguruhs, mehr als hundert Vogelarten und interessanten Höhlen- und Felszeichnungen.

Der an die Timorsee angrenzende hohe Norden von Kimberley ist eine nur selten besuchte Region aus Naturreservaten, Küsteninseln, kleinen Siedlungen der Aborigines und dem Hafenort Wyndham. In den Flüssen und auf den schlammigen Gezeitenbänken des Golfs von Cambridge leben Salzwasserkrokodile in der Nachbarschaft einer reichen Vogelwelt. Weiter südlich erheben sich die schroffen, bis 1.000 m hohen King Leopold Ranges. Kaum zu glauben, doch eine Straße durchquert diese unwirtliche Region: Die 670 km lange, ursprünglich dem Viehtransport dienende Gibb River Road verbindet Wyndham mit dem weiter westlich am King Sound gelegenen Derby – dem Verwaltungszentrum für eine große Viehzuchtregion mit einer Station des Royal Flying Doctor Service.

Weiter südlich liegt der Küstenort Broome, Kimberleys größte Stadt, die um 1870 entstand, als zahlreiche Perlentaucher aus Japan und anderen asiatischen Ländern nach Roebuck Bay kamen. Broome, heute eine Stadt mit etwa 6.000 Einwohnern, wurde zum Zentrum einer aufstrebenden Tourismusindustrie, die vom tropischen Klima, den Stränden und Attraktionen wie den Dinosaurierspuren bei Gantheaume Point lebt.

Bedeutendere Siedlungen im Binnenland der Kimberley-Region sind Fitzroy Crossing, das die örtlichen Aboriginal-Gemeinden versorgt, und Halls Creek, das am Ende der 1.700 km langen, einst für den Viehtrieb genutzten Canning Stock Route liegt und in den 80er Jahren des 19. Jahrhunderts Schauplatz eines Goldrauschs war. Südlich erstrecken sich die zentralen Wüsten sowie der 850 m breite und 50 m tiefe Wolfe Creek Crater, der vor einer Million Jahren vermutlich durch Meteoriteneinschlag entstand.

Die östliche Tropenregion steht in auffälligem Kontrast zu der wilden Kimberley-Region im Westen. Der lange Küstenstreifen und das fruchtbare Hinterland von Queensland sind gut bevölkert und problemlos zugänglich. Zudem sind das Great Barrier Reef und die vorgelagerten Inseln das beliebteste Urlaubsziel in ganz Australien. James Cook, einer der ersten „Touristen" in Queensland, havarierte im Jahr 1770 bei dem

*Australier sind leidenschaftliche Sportler, und auch in Europa populäre Freizeitaktivitäten wie Drachenfliegen oder Bungee-Springen sind für den Adrenalin-Junkie ein absolutes Muß. Beim Bungee-Springen stürzt sich das „Opfer" von einem Kranausleger in die Tiefe und wird erst kurz über dem Boden von einem Gummiband gestoppt.*

Versuch, das Riff zu passieren. An der Stelle des heutigen Cooktown lag sein Schiff sieben Wochen im Cook River vor Anker, bis die Schäden behoben waren.

Das von der Unesco als Welterbe eingestufte Great Barrier Reef erstreckt sich über 2.300 km von Lady Elliot Island nahe des Südlichen Wendekreises bis zum Papua-Golf nördlich von Cape York. Dieses Naturwunder besteht eigentlich aus mehr als 2.000 einzelnen Riffen, Inseln und deren Saumriffen. Durch Algen und die Kalkskelette winziger Korallenpolypen gebildet, ist das lebendige und stetig wachsende Riff im Norden 15 km, weiter im Süden indes bis zu 300 km breit. Die farbenprächtige Korallenwelt mit ihren eigentümlichen Formen beherbergt 1.500 verschiedene Arten von Fischen, außerdem Schildkröten, Mantarochen, Seekühe (Dugongs) und Wale sowie die gefährlicheren Haie, Seeschlangen und Würfelquallen. Sorgen bereitet die Tatsache, daß der Dornenkronen-Seestern einen gewaltigen Appetit auf Korallen hat. Fischerei, Tourismus und Schiffahrt bleiben ebenfalls nicht ohne Folgen.

Abgesehen vom Riff und seinen Koralleninseln wie Green Island und Heron Island (auf der Schildkröten ihre Eier

*Im Nordosten von Queensland überzieht dichter Regenwald die Hügel und wuchert fast bis ins Wasser, was eine ganz außergewöhnliche Landschaft entstehen läßt. Diese Szenerie im Cape Tribulation National Park besticht durch den Kontrast zwischen der dichten Vegetation und den vom kristallklaren Wasser der Korallensee umschmeichelten weißen Sandstränden.*

ablegen) sind die meisten Inseln Queenslands kontinentalen Ursprungs. Die etwa hundert Whitsunday Islands gehörten früher zu einer Küstenkette, die sich infolge einer nacheiszeitlichen Überflutung vom Festland trennte – heute ein Vogelparadies mit bewaldeten Hügeln, weißen Stränden und strahlendblauem Wasser. Die Inseln liegen vor der Küste von Proserpine, einer Zuckerrohr-Region, und umfassen gleich mehrere Nationalparks, so etwa Hinchinbrook, Australiens größten Inselpark, der von hohen, gezackten Gipfeln und Regenwald geprägt ist und in dem vor allem Vögel (Reiher, Eisvögel) und Echsen beheimatet sind.

Von der für ihre Viehauktionen bekannten Stadt Rockhampton am Südlichen Wendekreis erstreckt sich die fruchtbare Küste Queenslands bis zur Spitze der Halbinsel Cape York und umfaßt mehrere Küsten- und Inlands-Nationalparks. Mit 96.000 Einwohnern ist das an der Nordostküste gelegene Townsville die größte Tropenstadt Australiens. Nach 1860 mit Blick auf die Viehwirtschaft gegründet, ist Townsville heute Ausgangspunkt für Ausflüge zum Riff und nach Magnetic Island, einem Insel-Nationalpark, in dem Kakadus, Warane, Koalas und Wallabys leben. Weiter im Norden werden in der wasserreichen Region Ingham-Innisfail große Mengen an Zuckerrohr und tropischen Früchten angebaut. Cairns, ursprünglich ein Hafen für die Verschiffung von Gold, ist nunmehr Drehscheibe der boomenden Tourismusindustrie im nördlichen Queensland. Die unter Sportfischern für ihre Marline berühmte Küste nördlich der Stadt besitzt auch einige herrliche Strände.

In den fruchtbaren „Queensland Tropics" liegt der feuchteste Ort Australiens: Mount Bellenden Ker im gleichnamigen Nationalpark, wo 1979 eine Niederschlagsmenge von 11.250 Millimetern gemessen wurde. Jenseits des Tourismuszentrums Port Douglas begegnet man mit den „Queensland Wet Tropics" einem weiteren Welterbe der Unesco. Daintree und Cape Tribulation National Park bieten eine Zauberwelt aus dichtem Regenwald, Flüssen, tiefen Schluchten, Sandstränden, der weltweit größten Konzentration von Blütenpflanzen sowie Krokodilen, bunten Schmetterlingen, Schlangen, Kasuaren und den nur hier heimischen Bennett-Baumkänguruhs.

Zum tropischen Binnenland von Queensland gehören ferner das Atherton Tableland, eine hochgelegene Farmlandschaft mit Vulkankratern, Seen und exotischem Regenwald, der Chillagoe-Mungana National Park mit Karsthöhlen und Felsnadeln sowie die unterirdische Lavaröhre von Undara, angeblich die längste der Welt und Relikt einer Eruption vor etwa 19.000 Jahren. In den 70er Jahren des 19. Jahrhunderts stieß man am entlegenen Palmer River und beim heutigen Viehzentrum Charters Towers auf Gold, während Städte wie Mount Garnet, Anakie und Moura durch den Abbau von Kupfer, Zinn, Gold, Kohle und Saphiren florierten.

Weiter im Norden sorgen gleich zehn Nationalparks dafür, daß die Schönheit der Halbinsel Cape York mit ihren Küstenmangroven, Regenwäldern und Wasserläufen in aller Ursprünglichkeit erhalten bleibt. Krokodile und eine reiche Vogelwelt sind hier beheimatet, und in den Gewässern lebt der stattliche Barramundi, ein rund ein Meter langer tropischer Süßwasserfisch. Zu den wenigen Siedlungen zählen die Bauxitstadt Weipa sowie einzelne Rinderfarmen und Aboriginal-Gemeinden, wobei die Ureinwohner von Cape York eine der größten prähistorischen Kunststätten hinterließen (Quinkan-Reservat). Relativ dicht besiedelt sind die durch Perlentaucherei und Fischfang geprägten Torres Strait Islands.

Im Südwesten der Halbinsel finden sich in den Überschwemmungsebenen des „Gulf Country" einige von Rinderzucht oder Fischerei dominierte Städte wie Karumba und Normanton. Höhepunkte der Region sind der Lawn Hill National Park mit seinem Regenwald, den Sandsteinschluchten und Kunststätten der Aborigines sowie die bedeutende und als Welterbe eingestufte Fossilstätte von Riversleigh, wo die Überreste zahlreicher prähistorischer Tiere entdeckt wurden.

*Die Whitsunday Islands mitsamt der Küste zählen dank ihrer bewaldeten Hügel, der einladenden Strände und geschützten Buchten zu Australiens beliebtesten Urlaubszielen. Zentren sind die Stadt Airlie Beach und die nahegelegene Ortschaft Shute Harbour mit Angeboten zu Aktivitäten wie Segeln, Bootsfahrten, Schnorcheln, Tauchen und Trekking. Es gibt mehr als hundert Inseln, und das Great Barrier Reef ist ebenfalls leicht zu erreichen. Wie viele Orte an der Ostküste erhielt auch diese Region ihren Namen von Captain Cook, der am Pfingstsonntag (Whit Sunday) des Jahres 1770 hier entlanggesegelte.*

*Im Gegensatz zu vielen anderen Inseln von Queensland ist das vor Cairns gelegene Green Island eine echte Koralleninsel. Die sich über dem Riff erstreckende Regenwald-Insel ist als Nationalpark ausgewiesen und besitzt Freizeiteinrichtungen und ein Unterwasser-Observatorium. Die 13 ha umfassende Landfläche ist von bunten Korallen und vielfältigem Meeresgetier umgeben – von winzigen, leuchtenden Korallenfischen über Kamm-Muscheln und Seesterne bis hin zu Haien. Überdies finden sich auf dem nahegelegenen Michaelmas Cay allsommerlich Zehntausende von Seevögeln zum Nisten ein.*

## West Kimberley

*Von Broome im hohen Norden von Western Australia gelangt man in die spektakuläre Kimberley-Region – eine Landschaft aus Flüssen, Schluchten, Gebirgsketten und Altgesteinen, die sich seit Jahrtausenden kaum verändert hat. In den 70er Jahren des 19. Jahrhunderts als Perlenzentrum gegründet, ist Broome heute eine Tropenstadt mit etwa 11.000 Einwohnern. Gute Perlenvorkommen führten zahlreiche asiatische Händler und Taucher nach Broome, das Anfang des 20. Jahrhunderts die Weltmetropole des Perlenhandels war. Auch heutzutage stehen die exquisiten Zuchtperlen noch hoch im Kurs. Die Region ist berühmt für ihre Naturstrände und zerklüfteten Felsen* ***(oben)*** *und wird zu einem immer beliebteren Touristenziel.*

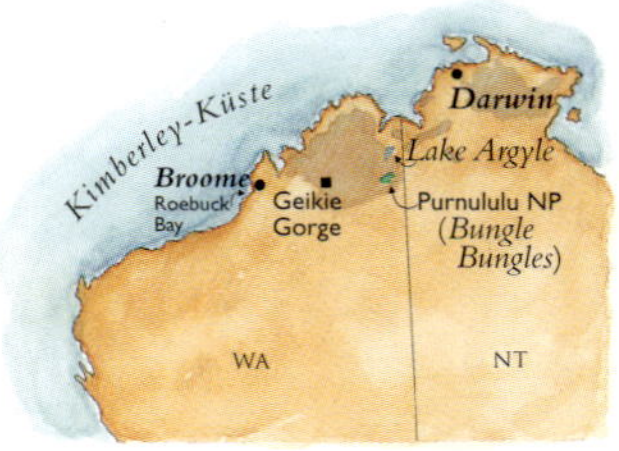


*Broome liegt an der Roebuck Bay mit ihrem blauen, kristallklaren Wasser und ihren langen, weißen Sandstränden. Die Bucht ist nach jenem Schiff benannt, auf dem der Abenteurer William Dampier diese Küste gegen Ende des 17. Jahrhunderts erkundete. In den stark erodierten rötlichen Felsen in der Umgebung der Strände* ***(rechts)*** *sind einige große Dinosaurierspuren verewigt; man nimmt an, daß sie annähernd 120 Millionen Jahre alt sind.*

**Die Küste rund um Broome**

*Südlich von Broome erstreckt sich die Küste in einem weiten Bogen in Richtung Port Hedland, das als aufstrebendste Stadt von Western Australia gilt. Die Strände hier sind abgelegen und nahezu verwaist, und neben einzelnen Farmen und Rinderherden gibt es nur sehr wenige Anzeichen für eine Besiedlung. Der einsame Great Northern Highway folgt der Küstenlinie. Die Monotonie des weiten Flachlands wird nur dann und wann durch ein Straßenlokal unterbrochen. Die Aufnahme oben zeigt das südlich von Broome zwischen Gourdon- und Villaret-Kap gelegene Barn Hill.*

*Die abgelegene Küste wird zwar nur sehr selten besucht, kann aber mit einer prächtigen Landschaft aufwarten. Wie diese Luftaufnahme der ebenfalls südlich von Broome gelegenen Pindan-Region zeigt* ***(rechts unten)****, bricht die extrem flache Ebene zum Strand hin in Form stark verwitterter roter Klippen abrupt ab. Die mit Gestrüpp bewachsene Ebene erstreckt sich weit in das Hinterland hinein und geht schließlich in die riesige, extrem karge Great Sandy Desert über, die einen großen Teil des ariden Nordens von Western Australia einnimmt und so groß ist wie Italien und Großbritannien zusammen.*

*Cape Leveque liegt „am Ende der Welt", 200 km nördlich von Broome an der nordwestlichen Seite des King Sound. Nächstgelegene Siedlungen sind die Aboriginal-Missionen Lombadina und Beagle Bay, die Ende des 19. Jahrhunderts von Trappisten gegründet wurden. Der 110 km lange und bis zu 60 km breite King Sound besitzt mit fast zwölf Metern den größten Tidenhub ganz Australiens. Die Bucht wird durch die Inseln und Riffe des Buccaneer-Archipels geschützt. Wie die Aufnahme oben rechts zeigt, nehmen die rötlich-braunen Felsen bei Sonnenuntergang einen besonders feurigen Glanz an.*

**Purnululu (Bungle Bungle) National Park**

*Jäh aus der wüstenhaften Ebene von East Kimberley aufsteigend, bieten die tiefrot, braun und ockerfarben gestreiften Bungle Bungles einen spektakulären Anblick* **(linke Seite)**. *Die bis zu 300 m hohen Sandsteinformationen mit dem merkwürdigen Namen („bungle" bedeutet Stümperei) erstrecken sich über eine große Fläche, die seit 1987 im Rahmen des 3.000 km² großen Purnululu („Sandstein") National Park unter Schutz gestellt ist. Besucher sind willkommen, doch Anzahl und Zutritt werden streng kontrolliert, um Schädigungen dieser empfindlichen Landschaft zu vermeiden. Der 350 Millionen Jahre alte, brüchige Sandstein ist mit einer Schicht aus Siliciumdioxid und Flechten bedeckt, die ihn vor Regen und stärkerer Erosion schützt.*

*Obgleich die Region East Kimberley großteils aus Halbwüsten besteht, gedeihen im Nationalpark überraschend viele Pflanzen – robuste Eukalypten ebenso wie die einzigartigen Bungle-Bungle-Fächerpalmen, in den offeneren Arealen zudem Spinifex und andere ausdauernde Sträucher und Gräser. Da für die Erkundung sämtlicher Cañons Tage oder gar Wochen vonnöten wären, konzentrieren sich die meisten Besucher auf einige Höhepunkte. Die betörende Cathedral Gorge ist ein großes natürliches Amphitheater am Ende einer Klamm, während Picanniny Creek mit besonders ungewöhnlichen Felsformationen, Steilwänden und Fächerpalmen aufwartet.*

*Es überrascht nicht, daß eine derart markante und beeindruckende Landschaftsform wie die der Bungle Bungles seit jeher einen hohen Stellenwert im Leben der Aborigines besitzt. Das Labyrinth aus Felsüberhängen und Cañons bot den umherstreifenden Gruppen dereinst Schutz. Purnululu enthält Dutzende von Felskunstwerken sowie einige Begräbnis- und Andachtsstätten. Ebenfalls seit langem in den Felsenschluchten heimisch sind die allgegenwärtigen Vögel, Reptilien und Säugetiere, so vor allem der prächtige Keilschwanzadler und diverse Schlangen, Warane und Felskänguruhs.*

*Gruppen und Individualtouristen haben die Möglichkeit, die Bungle Bungles auf den zugelassenen Pisten zu erkunden – allerdings nur mit strapazierfähigen Geländewagen. Die wirklichen Abenteurer können querfeldein wandern und an einigen ausgewiesenen Plätzen sogar campen, um die Wildnis hautnah zu erleben. Die Autopisten sind jedoch extrem holprig und werden im Sommer oftmals überschwemmt, weshalb der Park während der Regenzeit geschlossen ist. Insgesamt weitaus spektakulärer und zudem umweltschonender ist der Blick aus der Vogelperspektive. In den nahegelegenen Städten Halls Creek und Kununurra werden diverse Rundflüge (auch per Helikopter) angeboten* **(rechts oben)**.

## Geikie Gorge National Park

*Geiki Gorge, ein Highlight von West Kimberley, entstand durch die Wassermassen des mehr als 600 km langen Fitzroy River, der sich am King Sound nördlich von Derby ins Meer ergießt. Die zu einem 3.000 ha großen Nationalpark gehörende, 14 km lange Schlucht besticht durch ihre 30 bis 50 m hohen, in gedeckten Farben gebänderten Klippen* **(oben)**. *Im Fluß leben Stachelrochen, Barramundis, Sägefische und Krokodile – nicht allerdings die für den Menschen gefährlichen Salzwasser-, sondern die kleineren Süßwasser- oder Australien-Krokodile, die Fische und kleinere Landtiere als Beute bevorzugen.*

*Der nur wenige Kilometer von Fitzroy Crossing am Northern Highway entfernte Geikie Gorge National Park ist nur in den trockenen Monaten April bis Oktober für Besucher geöffnet. In der sommerlichen Regenzeit schwillt der Fitzroy River zu einem reißenden Strom an, der weite Teile der Umgebung überflutet, weshalb der Nationalpark in dieser Zeit geschlossen ist. Die Schlucht entstand durch das beharrliche Nagen des Wassers an einem alten Korallenriff, das einst ein seichtes Meer umgab. Die verwitterten Klippen* **(unten rechts und links)** *bergen eine Vielzahl von Meeresfossilien.*

*Die Klippen von Geikie Gorge* ***(unten)*** *zeigen einen auffallenden Farbunterschied: das Rotbraun der oberen Schicht kontrastiert stark mit der wie ausgebleicht wirkenden unteren Partie. Diese helle Färbung ist das Resultat regelmäßiger Pegelschwankungen und der Erosion durch das Hochwasser, die auch die fossilen Ablagerungen zutage treten läßt. In der Trockenzeit sinkt der Wasserspiegel um bis zu 16 m, so daß in besonders trockenen Perioden nur noch Sandbänke übrigbleiben, die mit größeren Wasserlöchern durchsetzt sind. Die Steilwände lassen sich am besten per Boot erkunden – eine Möglichkeit, die von den meisten Besuchern wahrgenommen wird; angeboten werden aber auch Rundflüge. Das abgelegene Kimberley ist seit jeher einer der wichtigsten und traditionsreichsten Lebensräume der Aborigines. Viele von ihnen sind in der Viehzucht oder in der Tourismusbranche tätig, mit ihrem Wissen und Können zunehmend auch als Ranger und Fremdenführer. Das Angebot einzelner regionaler Anbieter umfaßt Touren zum Thema „Aborigines", so etwa einen lehrreichen Streifzug durch den Geikie National Park, der über zahlreiche Geheimnisse der 350 Millionen Jahre alten Felswände aufklärt.*

**Emma Gorge**

*Auf dem 400.000 ha umfassenden Gelände der El Questro-Farm in East Kimberley gelegen, präsentiert sich Emma Gorge mit steilen Felswänden, schattigen Cañons und regenzeitlichen Wasserfällen. Besucher können auf der Farm übernachten und von dort aus das von Flüssen und den hohen Cockburn, Pentecost und Durack Ranges umgebene Gebiet mit seinen zahlreichen Schluchten, Quellen und Thermalbecken erkunden. El Questro Gorge* ***(oben)*** *mit seinen 60 m hohen und nur wenige Meter auseinanderliegenden Wänden ist ein weiteres Highlight. El Questro erreicht man über die rauhe, etwa 670 km lange Gibb River Road, die von Derby aus entlang der Westküste bis Kununurra verläuft und angelegt wurde, um Vieh von den abgelegenen Farmen zu den Häfen zu transportieren.*

**King George Falls**

*Im äußersten Norden von East Kimberley findet der im Drysdale River National Park entspringende King George River seinen Weg bis in die Timorsee. Im Binnenland aus zerklüfteten Gebirgsketten, Steilabbrüchen und einem Hochplateau ergießt sich der Fluß über 60 m hohe, stark verwitterte rote Klippen bei den King George Falls in die Tiefe* ***(rechts)****, bevor er weiter nördlich in das tropische Meer mündet. Diese alte Landschaft mit ihrer spärlichen Vegetation ist noch ziemlich unberührt, abgesehen von einzelnen Rinderfarmen und der Aboriginal-Gemeinde Kalumburu. Selbst der Nationalpark, einer der entlegensten in ganz Australien, besitzt keine Zufahrt und wird nur selten besucht – meist nur von Wissenschaftlern und besonders begeisterten Trekking-Fans und Naturfreunden.*

**East Kimberley**

*Das Wunder der Bewässerung verwandelte einen Großteil des trockenen und zerfurchten East Kimberley in fruchtbares Ackerland* **(links)**. *Das kostbare Naß stammt weitgehend aus dem Lake Argyle, einem gewaltigen Stausee und Mittelpunkt des Ord River Irrigation Scheme. Der 1972 fertiggestellte Hauptdamm bietet den Wassermassen des Ord River Einhalt, die sich vordem über den Golf von Cambridge ins Meer ergossen. Der Stausee enthält neunmal mehr Wasser als die Hafenbucht von Sydney. Trotz seines unzweifelhaften Nutzens führte das Projekt anläßlich der Überflutung einer Region mit Relikten der Aborigines und Lebensräumen für Vögel und andere Tiere zu erheblichen Kontroversen. Auf den Feldern werden Erdnüsse, Sojabohnen, Mais, Sorghum und große Mengen exotischer Früchte (Melonen, Mangos und Bananen) angebaut, die nach der Ernte über gewaltige Distanzen, etwa nach Perth, transportiert werden.*

*Die in den fernen nördlichen Ausläufern des an sich bereits isolierten East Kimberley gelegene Siedlung Kalumburu ist ein Reservat der Aborigines und Missionsstadt zugleich. Auch wenn sich nur wenige Fremde so weit nach Norden vorwagen, ist Touristen ein Besuch der Region möglich, jedoch nur mit vorab erteilter Genehmigung. Ein gutes Stück nördlich des Drysdale River National Park und am Ende einer 250 km langen, vom Great Northern Highway abzweigenden Staubpiste gelegen, ermöglicht Kalumburu den Aborigines* **(oben)** *dank seiner Abgeschiedenheit ein relativ traditionsgemäßes Leben.*

## Kakadu National Park

**Vorhergehende Doppelseite:** *Der in den 80er Jahren in die Welterbeliste der Unesco aufgenommene Park ist mit 20.000 km² der größte ganz Australiens. Diese Region aus Flüssen, Überschwemmungsebenen, bizarren Gesteinsformationen, Wasserfällen und Regenwald wird von dem Steilabbruch von Arnhem Land gleichsam gestützt, der sich 600 km lang durch das tropische „Top End" des Northern Territory zieht. Die abwechslungsreiche Landschaft wird von Krokodilen, Baumschlangen, Waranen, Felskänguruhs, Dingos und Fledermäusen bevölkert, vor allem in den Feuchtgebieten auch von zahlreichen Vogelarten. Mindestens 25.000, wenn nicht 50.000 Jahre lang lebten hier Aborigines, die noch heute in großer Zahl im benachbarten Arnhem Land anzutreffen sind. Der Nationalpark stand einige Jahre unter der Obhut seiner traditionellen Besitzer, wurde jedoch 1978 an den National Parks and Wildlife Service verpachtet.*

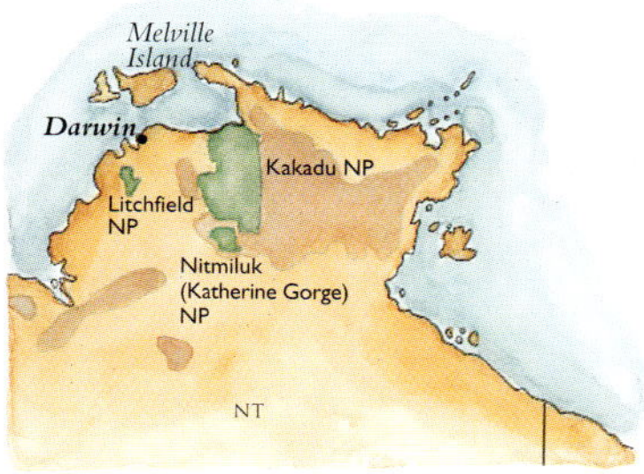


*Die alten Kunstwerke der Aborigines – vor allem die Felsgalerien von Ubirr und Nourlangie – sind zu Recht weltberühmt und trugen maßgeblich dazu bei, daß der Nationalpark zugleich als Natur- und Kulturerbe der Menschheit eingestuft wurde. Die etwa 20.000 Jahre alten Malereien kommen in ihrer archäologischen Bedeutung den prähistorischen Stätten im südlichen Europa gleich. Die in Ocker, Rot und Weiß gehaltenen Wandbilder von Nourlangie Rock zeigen Fische, männliche und weibliche Figuren, Geisterwesen und den „Namarrkon", den mythischen, für Donner, Blitz und Sturm verantwortlichen Gewittermann. Die meisten Abbildungen folgen dem sogenannten „Röntgenstil", der die innere Anatomie der Figuren zutage treten läßt* **(links)**.

*Einst der Zuflucht dienend und daher von den Aborigines häufig aufgesucht, verkörpert Ubirr Rock eine Schatzkammer der Eingeborenenkunst. Die Hauptgalerie enthält einige außergewöhnliche Werke, die dank eines Überhangs gut erhalten sind: Fische, Geisterwesen, Menschen, Schildkröten, Känguruhs und andere Tiere. Hier finden sich auch die strichmännchenartigen „Mimi"-Geister* **(unten)**, *die der Legende nach in Höhlen und Felsspalten leben. In der Nachbarschaft liegen noch etwa dreißig weitere Kunststätten.*

**Nitmiluk (Katherine Gorge) National Park**

*Ein weiterer Höhepunkt des Northern Territory befindet sich weniger als 100 km südlich von Kakadu im Nitmiluk (Katherine Gorge) National Park, nämlich dort, wo sich der Katherine River seinen Weg durch ein Sandsteinplateau bahnte und nicht nur eine einzige Schlucht, sondern gleich dreizehn durch Stromschnellen abgetrennte Cañons hat entstehen lassen* ***(oben)****. Die 60 m hohen, ockerfarbenen Felswände nehmen im Licht der Dämmerung eine tief orangerote Färbung an. Sie enthalten alte Aboriginal-Malereien mit menschlichen Figuren, Krokodilen und anderen Vertretern der örtlichen Tierwelt.*

*Die ganze Pracht von Katherine Gorge* ***(rechts)*** *erschließt sich dem Besucher am besten auf einer Bootstour, die durch einige der Schluchten führt. Viele von ihnen sind unzugänglich, wenn der Pegelstand in der Trockenzeit erheblich sinkt, andere wiederum nur mit dem Kanu erreichbar. Mit einem Netz von über hundert Kilometern an markierten Wegen eignet sich die Region aber gut zum Wandern. Nicht minder eindrucksvoll sind die Edith Falls, die sich über den Steilabbruch von Arnhem Land hinweg in ein kühles, palmengesäumtes Naturbecken ergießen.*

**Litchfield National Park**

*Wenngleich weitaus weniger bekannt als sein berühmter Nachbar, der Kakadu National Park, hat der nur 120 km südwestlich von Darwin gelegene Litchfield National Park doch auch Sehenswertes zu bieten: Flüsse, Wasserfälle, Monsunregenwald und ein zerklüftetes Sandsteinplateau beherrschen das Bild; im nördlichen Teil des Parks fallen die zahlreichen großen, keilförmigen Termitenhügel ins Auge* ***(oben)****. Termiten bilden aus Tausenden von Tieren bestehende Staaten und teilen die Nahrungsbeschaffung, Fortpflanzung und Verteidigung wie die Ameisen auf Arbeiter, Königin und Soldaten auf.*

*In Höhe und Gestalt verschieden und wie merkwürdige Grabsteine in der Umgebung verteilt, haben die von Gängen durchzogenen Gebilde mit ihren unzähligen Termitenstaaten eine interessante Gemeinsamkeit: Ihre Schmalseiten sind alle in Nord-Süd-Richtung orientiert, die breiten „Keile" indes nach Westen und Osten* ***(oben rechts)****. Dies führte dazu, daß die Hügel als „magnetisch" bezeichnet wurden. In Wahrheit dient ihre Ausrichtung aber der internen Temperaturregelung, denn so wird von der sengenden Tageshitze nur die kleinstmögliche Fläche erfaßt.*

*Sozusagen als Konkurrenz zu den Termitenbehausungen ragen im Litchfield National Park auch noch die vereinzelten Sandsteinsäulen der „Lost City" auf. Die stark verwitterten Felsnadeln gleichen Bauruinen und manchmal sogar menschlichen Figuren* **(rechts unten)***. Überdies ist der Park für seine ganzjährigen Wasserfälle bekannt, so etwa die Florence und Wangi Falls, die sich vom Steilabbruch aus kaskadenförmig in klare, palmenbestandene Naturbecken ergießen. Die zahlreichen Wanderpfade führen meist zu Aussichtspunkten mit einem prächtigen Blick auf die zerklüftete Landschaft.*

## Halbinsel Cape York

*Die schier unermeßliche Cape York Peninsula* **(links)** *gilt als besonders unberührte Region. Cape York selbst liegt mit 10°41' südlicher Breite weit in den Tropen und weist somit ein heißes Monsunklima auf. Obwohl die Halbinsel schon seit langem von Aborigines besiedelt ist, erfolgte der erste und zudem kurzlebige Versuch europäischer Siedler, sich in dieser unwirtlichen Gegend niederzulassen, erst 1863 im weit im Norden gelegenen Somerset. Heute gibt es zahlreiche Aboriginal-Siedlungen wie Kowanyama und Bamaga fast an der Spitze des Kaps. Der einzige größere Ort ist die an der Westküste gelegene, vom Bauxitabbau lebende Stadt Weipa. In der Nähe der heutigen Stadt betrat im Jahre 1606 mit dem holländischen Entdeckungsreisenden Willem Jansz, der es wagte, sein Schiff, die „Duyfken", zu verlassen, erstmals ein Europäer australischen Boden. Landschaftliche Vielfalt prägt den Charakter der Cape York Peninsula: hohe, schroffe Felsgipfel, vereinzelter Regenwald und Küstensümpfe. Für die kostbarsten Naturschätze wurden auf der Halbinsel mehrere Nationalparks eingerichtet, darunter auch Lakefield (nördlich des Quinkan-Reservats) mit seinen prähistorischen Felsmalereien. Dieses große Reservat umfaßt neben Gehölzen und Grasland auch Mangrovenküste und Überschwemmungsebenen – Lebensraum für das Salzwasser- und das Süßwasserkrokodil und vor allem für zahlreiche Vögel. Auffällige Kontraste bietet der Cape Melville National Park, dessen schroffe Granitberge und Felswände* **(oben)** *mit Höhlen und Landzungen abwechseln.*

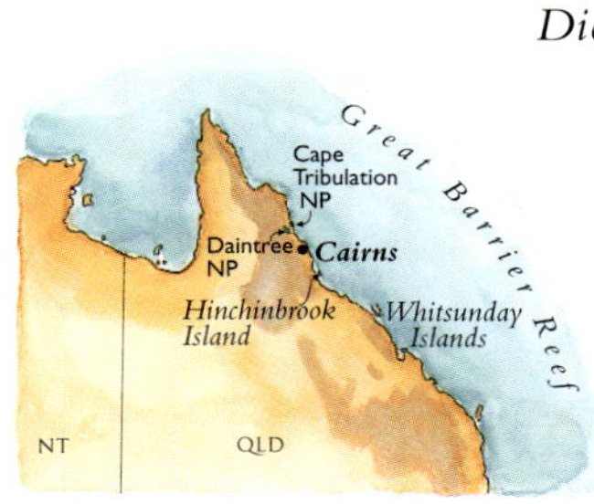

**Great Barrier Reef**

*Das der Küste von Queensland vorgelagerte Great Barrier Reef erstreckt sich über beachtliche 2.300 km vom Papua-Golf (nördlich von Cape York) bis zu einem Punkt jenseits des Südlichen Wendekreises auf Höhe der Stadt Gladstone. Das Riff ist eine derartige Besonderheit, daß es sich eigentlich nur mit Hilfe von Superlativen beschreiben läßt. Es ist das größte lebende Gebilde überhaupt, gilt vielen als achtes Weltwunder und zeichnet sich als Welterbe der Unesco dadurch aus, daß es sämtliche vier Kriterien für ein Naturerbe erfüllt. Im Grunde genommen handelt es sich um mehr als 2.000 separate, doch miteinander verbundene Riffe samt zahlreicher (Korallen-)Inseln und ihrer Saumriffe. Geschaffen durch winzige Korallenpolypen, deren Kalkskelette das Fundament bilden, sowie von Algen und Sand als Bindemittel, ist das Great Barrier Reef ein lebendes, wachsendes Gebilde, das sich über Hunderttausende von Jahren hinweg entwickelt hat. Ein derart großes Korallenriff kann nur in tropischen Gewässern entstehen, deren Temperaturen niemals unter 20 Grad sinken; auch das Fehlen von Sedimenten ist eine unabdingbare Voraussetzung. Im Gegensatz zu den sich an die Küste anschmiegenden Saumriffen verläuft das Great Barrier Reef oftmals in beträchtlicher Entfernung zum Festland und ist von den Ferienorten an der Küste von Queensland in der Regel erst nach ein- bis zweistündiger Bootsfahrt zu erreichen.*

*Überdies genießt das Riff einen besonderen Schutz im Rahmen des Great Barrier Reef Marine Park, der einen immensen Teil der ozeanischen Gewässer vor Queensland umfaßt. Dennoch sind kommerzieller Fischfang, Forschung und Tourismus gestattet, wenn auch nur in begrenztem Umfang und streng überwacht. Das wahre Ausmaß des Great Barrier Reef mit seinen abwechslungsreichen Strukturen und Farben läßt sich am besten aus der Luft erkennen* ***(oben und rechte Seite)****.*

*Es ist verständlich, daß die Küste von North Queensland wegen des prächtigen Wetters, der phantastischen Küstenlandschaft und der Nähe zum Great Barrier Reef bei den Touristen so beliebt ist. Wie der Name bereits sagt, bildet das Riff eine schützende Barriere, weshalb die Küstengewässer meist sehr ruhig sind und sich perfekt zum Segeln eignen* ***(links)****.*

## Zauberhafte Unterwasserwelt

*Kaum weniger farbenprächtig als die Fische sind die Riffkorallen, die am Great Barrier Reef mit 350 Arten in unglaublicher Vielfalt vertreten sind* ***(linke Seite).*** *Die graublauen, gelben oder roten Gebilde lassen sich in zwei Kategorien untergliedern: in die echten riffbildenden Hart- oder Steinkorallen – wie etwa die bekannten Hirnkorallen, deren Muster den Windungen des menschlichen Gehirns ähneln – sowie in die Geweihkorallen. Nach dem Absterben der Polypen verlieren die Gebilde ihre Farbe, bleiben aber als jene weiße Masse aus Calciumkarbonat erhalten, die oftmals an die Strände von Queensland geschwemmt wird. Die flexiblen, fast ledrigen Weichkorallen – darunter eine zarte, häufig anzutreffende blaugrüne Sorte – wirken dagegen feingliedriger. Hierzu zählen die hin- und herschwenkenden Baumkorallen, die mit ihren eleganten, farnartigen Strukturen eher wie Pflanzen aussehen.*

*Obwohl sich diese prächtige Unterwasserwelt am besten auf einem richtigen Tauchgang genießen läßt, bietet bereits das Schnorcheln einen faszinierenden Einblick. Für weniger Sportliche stehen Glasbodenboote und Unterwasser-Observatorien zur Verfügung, die zumindest einen flüchtigen Blick auf diese submarine Wunderwelt gestatten.*

*Die wahre Magie des bereits von oben besehen spektakulären Great Barrier Reef erschließt sich erst unter der Wasseroberfläche. Das Auge des Betrachters nimmt stets neue Farben und Bewegungen wahr. Vertreten sind allein an die 1.500 Fischarten, darunter Haie und Mantarochen, sowie Schildkröten und diverse Meeressäuger. Die unglaublich farbenprächtigen Korallenfische – der nahezu strahlende Rote Kanari* ***(oben),*** *der leuchtendrote Samtkorallenfisch* ***(Mitte)*** *und der gewaltige Tapiro* ***(unten)*** *– sind nur einige von vielen merkwürdigen und faszinierenden Bewohnern der Korallensee und des südlichen Pazifik.*

**Daintree und Cape Tribulation National Park**
*Die als Welterbe eingestuften Wet Tropics bestehen aus mehreren küstennahen Regionen im Norden von Queensland und zeichnen sich durch hohe Niederschläge, bewaldete Hügel und eindrucksvolle Küsten aus. Der im Binnenland nördlich von Port Douglas gelegene Daintree National Park ist eine feucht-grüne Landschaft mit Regenwald, Farnen, Moosen und einer unglaublichen Vielfalt an Blütenpflanzen, so auch zahlreichen Orchideenarten* ***(oben).*** *Weitere unverzichtbare Bestandteile dieses Ökosystems mit seiner dichten Vegetation sind die zahlreichen Flüsse, Schluchten und Wasserfälle, die eine Märchenwald-Atmosphäre entstehen lassen. Zu den Bewohnern von Daintree zählen Krokodile, große bunte Vogelfalter, der Kasuar (der zweitgrößte Vogel Australiens) sowie Frösche und Schlangen. Daintree wurde 1989 als Welterbe der Menschheit anerkannt.*

*Der weiter nördlich gelegene Cape Tribulation („Kap der Sorgen") National Park steht für eine andere Seite der Wet Tropics. Auch hier gibt es nahezu undurchdringliche Regenwälder, die sich jedoch zunehmend lichten, je stärker sich die steilen Hügel dem Wassersaum nähern. Die durch felsige Landzungen abgetrennten Strände sind praktisch menschenleer und werden vom warmen Wasser der Korallensee umspült* ***(rechts).*** *Doch die Idylle trügt, denn Krokodile, Quallen und andere nessel- oder stachelbewehrte Meerestiere machen das Baden vor allem im Sommer zu einer riskanten Angelegenheit. Offenbar war auch Captain Cook die Gegend nicht ganz geheuer, als er für das Kap einen so wenig schmeichelhaften Namen wählte.*

## Hinchinbrook Island

*Hinchinbrook Island, mit 39.350 ha der weltgrößte Insel-Nationalpark, liegt auf Höhe der Stadt Cardwell vor der Nordküste von Queensland. Überragt vom 1.142 m hohen Mount Bowen, zeichnet sich die Insel durch eine Kette erodierter Gipfel, dichten Regenwald, Mangrovensümpfe und menschenleere Sandstrände aus* **(links)**. *Das 37 km lange Eiland besitzt lediglich eine bescheidene Ferienanlage und zählt vergleichsweise wenige Besucher. Wer die Überquerung des Hinchinbrook Channel auf sich nimmt, kommt meist, um im Nationalpark zu campen und die unverdorbene Natur zu erleben. Die Wasserstraße birgt überdies einige ausgezeichnete Fischgründe, und die Region beherbergt eine beachtliche Vogelwelt, so auch Reiher und Eisvögel. Auf Hinchinbrook sind einige sehr anspruchsvolle Wanderungen möglich, beispielsweise eine etwa fünftägige Trekkingtour entlang der wilden Ostküste.*

*Die unberührten Strände an der Ostküste von Hinchinbrook mit ihrem goldenen Sand und dem klaren Wasser der Korallensee sind immer wieder gut für interessante Fossilienfunde* **(oben)**. *Die Strände erstrecken sich bis in den äußersten Nordosten, wo der Wald fast bis an das Wasser reicht. Hier sind Eukalypten (Red Gums und Stringybarks) sowie beispielsweise Nektar- und Eisvögel heimisch, anderswo auf Hinchinbrook auch Warane und grüne Baumschlangen.*

*Cardwell bildet einen der Ausgangspunkte für die Überfahrt nach Hinchinbrook Island. Das Angebot des Ferienzentrums umfaßt Badestrände, erholsames Fischen* **(unten)** *und Fahrten in das bewaldete Binnenland. Die hohen Regenmengen von jährlich etwa 5.000 Millimetern ermöglichen den Anbau von Tee und tropischen Nutzpflanzen wie Wassermelonen, Bananen und Zuckerrohr.*

**Die Whitsunday Islands**

*Auf mittlerer Höhe vor der Küste Queenslands und bereits deutlich innerhalb der Tropen liegen die Whitsunday Islands, die von Captain Cook erstmals registriert wurden, als dieser 1770 an der Ostküste entlangsegelte. Cook beschrieb die Inseln als „grün und angenehm" – eine zutreffende, wenn auch nicht überschwengliche Charakterisierung. Besonders malerisch präsentiert sich der Abendhimmel über der Whitsunday Passage beim Blick vom Küstenort Airlie Beach auf die wie Festland wirkenden Inseln* **(oben)**. *Im Gegensatz zu den echten Koralleninseln des Great Barrier Reef wie etwa der flachen, südlich gelegenen Heron Island handelt es sich hier um kontinentale, also weiterhin mit dem Festland verbundene Inseln. Die Gipfel gehörten einst zu einer Küstengebirgskette und wurden durch Überflutung isoliert. Dies geschah in der nacheiszeitlichen Periode vor vielen Jahrtausenden, als der Meeresspiegel anstieg und aus den Spitzen der Gebirgskette die heute als Whitsunday Islands bekannte Inselgruppe wurde. Einige Saumriffe laden zur Erkundung ein, und zahlreiche Boote bringen den Besucher täglich von dem geschäftigen Hafenstädtchen Shute Harbour zu den Inseln oder führen auf Rundfahrten, zu Tauch-, Schnorchel- oder Angelrevieren am Great Barrier Reef.*

*Das warme Klima, die außergewöhnlich weißen Strände und das blau oder grün erstrahlende Wasser machen die Whitsunday-Region zu einem vielbesuchten Urlaubsziel. Zahlreiche Inseln verfügen über Ferienanlagen – vom kostspieligen Resort auf Hayman Island über den „Club Med" bis zu den eher familienorientierten Unterkünften auf South Molle und Brampton. Insel-Nationalparks wie das herrliche Whitsunday Island* **(rechts)** *sind völlig unbewohnt und erschließen sich eher behutsamen Besuchern, die naturnahes Campen vorziehen.*

*Trotz der Handvoll von Ferienanlagen haben sich die meisten der vielleicht hundert Inseln seit den Tagen von Captain Cook kaum verändert. Sie gehören gleichzeitig zum Whitsunday Islands National Park und zum Great Barrier Reef Marine Park. Dichtes Grasland, Eukalyptuswälder, Regenwälder und Haine aus Schraubenpalmen beherbergen vergleichsweise wenige Säugetiere und Reptilien, dafür aber um so mehr Vögel wie zum Beispiel Fisch- und Seeadler. Die abgeschirmten Gewässer der etwa 160 km langen Inselkette sind ein wahrer Magnet für Freizeitkapitäne. Viele Menschen kommen hierher, um auf gecharterten Yachten von Insel zu Insel gleitend einen Urlaub zu verbringen, der den Alltagsstreß ganz schnell vergessen läßt.*

# *Der* OSTEN

## FRUCHTBARE LANDSCHAFTEN ZWISCHEN BERGEN UND MEER

Ungeachtet aller Bilder, die das Land als wildes, kaum bevölkertes Outback zeigen, ist Australien eine der am stärksten urbanisierten Nationen überhaupt. 88 Prozent der Einwohner leben in Städten, und die finden sich vor allem im Osten und Süden des Kontinents. Sydney, Australiens größte Stadt, liegt ebenso im Osten wie Brisbane, die Hauptstadt von Queensland, und die Bundeshauptstadt Canberra. Dennoch ist die Landschaft der Küste mit der über 2.500 km langen Great Dividing Range im Rücken weitgehend intakt geblieben.

An der Ostküste nahm die Kolonisierung Australiens durch weiße Einwanderer ihren Anfang. Von Captain Cook wurde die Region 1770 erstmals kartographiert, 1788 erfolgte dann die Besiedlung von Sydney Cove durch englische Sträflinge und Soldaten der „Ersten Flotte". Trotz der Anweisung, in Botany Bay eine Kolonie zu gründen, sondierte der Flottenkommandeur zunächst die Küstenlinie und entschied sich für das besser geeignete Port Jackson (Sydney Harbour) weiter im Norden.

Wenige Monate nach Eintreffen der „Ersten Flotte" wurde die 22 km von Sydney entfernte Region Parramatta besiedelt, kurz darauf der Oberlauf des Hawkesbury River in der Umgebung von Richmond und Windsor. Während in den folgenden Jahrzehnten Tausende von Häftlingen in New South Wales eintrafen, entstanden weitere Strafkolonien in Tasmanien (1803), Port Macquarie (nördlich von Sydney, 1821) und Brisbane (1825). Norfolk Island, 1.600 km weit im Pazifik gelegen, war bis Mitte des 19. Jahrhunderts eine Gefangeneninsel – ein Schicksal, das dem relativ küstennahen Lord Howe Island erspart blieb. Dieses als Welterbe eingestufte Eiland ist ein vielfältiges Paradies mit Vulkangipfeln, unberührten Stränden, interessanten Korallenriffen und einer außergewöhnlichen Vogelwelt.

Die Erforschung Inneraustraliens nahm einen Aufschwung, nachdem man 1813 endlich einen Weg durch die scheinbar undurchdringlichen, zur Great Dividing Range gehörenden Blue Mountains entdeckt hatte. Noch heute läßt sich unschwer nachvollziehen, welches Hindernis diese Hochlandzone für die Expansion ins Hinterland gewesen sein muß: Ein Großteil der Blue Mountains ist eine Wildnis aus Steilabbrüchen, Höhlen, bewaldeten Tälern, Flüssen und schroff aufragenden Felsen. Ungeachtet der nicht sonderlich großen Höhe und der Tatsache, daß es sich eigentlich nicht um Berge, sondern um ein stark erodiertes Sandsteinplateau handelt, ist diese Nationalpark-Region sehr beeindruckend. In den Ebenen jenseits der Blue Mountains wurden Siedlungen wie Bathurst, Orange, Dubbo, Wellington und Mudgee als Agrarzentren gegründet, und das sind sie noch heute. Einen starken Aufschwung und einen drastischen Bevölkerungsanstieg verursachten die Goldfunde des Jahres 1851.

*Jahrelang schlugen alle Versuche der frühen Entdecker fehl, die Blue Mountains* **(links)** *westlich von Sydney zu überwinden oder zu umgehen. Erst 1813 wurde schließlich ein Weg durch das schroffe und stark bewaldete Sandstein-Hochland erschlossen, wodurch das fruchtbare Ackerland westlich der Great Dividing Range zugänglich und die dringend erforderliche Ausdehnung der Kolonie möglich wurde.*

***Vorhergehende Doppelseite:*** *Der Osten wartet mit einer landschaftlichen Vielfalt auf, die von der subtropischen Zuckerrohr-Region Bundaberg in Queensland bis zu den Snowy Mountains in New South Wales reicht – überdies mit Regenwäldern, Stränden und fruchtbarem Ackerland wie in dieser Weizen- und Baumwollregion um Parkes und Dubbo im mittleren Westen von New South Wales.*

Die bereits 1797 erforschte Südküste Ostaustraliens bietet mit ihren felsigen Landzungen, Sandbuchten, Meeresarmen und Seen einen enormen Abwechslungsreichtum. Die Küste umfaßt den Royal National Park in Sydney, die Industrie- und Hafenstadt Wollongong (235.000 Einwohner) und die durch Tourismus und Fischerei geprägten Städte Ulladulla, Batemans Bay, Bermagui, Tathra, Merimbula und Eden. Letztere wurde in den 20er Jahren des 19. Jahrhunderts als Walfangstation gegründet, lebt aber heute von der Holzwirtschaft und den küstennahen Fischgründen. Der Ben Boyd National Park ist ein empfindlicher, von Schieferton, Sandstein mit Küstenheide und Eukalyptus-Gehölzen dominierter Lebensraum des seltenen Nachtsittichs. Ebenfalls an der Südküste gelegen sind die Jervis Bay mit ihrem außerordentlich weißen Sand und ihrem klaren Wasser sowie der Murramarang National Park mit seinen Küsten, Regenwäldern und Eukalypten, der Känguruhs und Wallabys beherbergt. Das von zerklüftetem Hochland wie etwa dem Deua National Park (Kalkstein) durchzogene Hinterland ist durch eine florierende Milch- und Holzwirtschaft geprägt.

Weiter im Westen erreicht die Great Dividing Range im Koscuisko National Park mit dem 2.228 m hohen Mount Koscuisko, dem höchsten Berg Australiens, ihren höchsten Punkt. Hier finden sich Skiorte und aufregende alpine Landschaften, die auch den Oberlauf des Murray und des Murrumbidgee River umfassen. Sobald der Schnee geschmolzen ist, zieren Wildblumen und *Snowgums* die Granithügel. Zahlreiche Tiere haben hier ihren Lebensraum, beispielsweise Opossums, Wombats und Graue Riesenkänguruhs. Die Region war einst Schauplatz eines der weltweit ehrgeizigsten Ingenieurvorhaben: des von 1949 bis 1972 erbauten Snowy Mountains Hydro-Electric Scheme, einer Kraftwerks- und Bewässerungsanlage, die einen großen Teil Südaustraliens mit Strom und Wasser versorgt.

Die westlich der Snowy Mountains gelegenen Ebenen verbinden sich zu einem bedeutenden Agrargürtel. Aus der Umgebung der Städte Wagga Wagga, Griffith und Leeton kommen Schafe, Wein, Weizen, Gemüse, Reis und Zitrusfrüchte. Der Murray River markiert den größten Teil der Grenze zwischen New South Wales und Victoria und schafft ein ähnlich fruchtbares Umland. Flußsiedlungen wie Albury sind wichtige Zentren der Schafzucht und damit Umschlagplätze der Wollindustrie.

Im Australian Capital Territory, das an den Koscuisko National Park angrenzt, liegt Canberra, die Hauptstadt Australiens. Anfang des 20. Jahrhunderts auf Farmland in New South Wales angelegt, war die Festlegung des Territory wie auch der Hauptstadt das Kompromiß-Resultat eines langen Wettstreits zwischen Sidney und Melbourne um die Ehre, in Australien die Nummer eins zu sein. Canberra ist eine moderne, auf dem Reißbrett entstandene Stadt, doch das Australian Capital Territory besitzt auch Naturlandschaften wie den subalpinen Namadgi National Park, die Brindabella Range und das Tidbinbilla-Naturreservat.

Die sich westlich und nördlich der Snowy Mountains fortsetzende Great Dividing Range präsentiert in den unzugänglichen Nationalparks Budawang und Morton ein spektakuläres Hochland, bevor sie in die sanfteren Southern Highlands übergeht. Diese Region mit malerischen Städten und Ackerland wurde früh besiedelt, die Stadt Berrima bereits im Jahre 1830. Das nahegelegene Goulburn besitzt ebenfalls eine lange Agrartradition.

Den Norden Sydneys säumen zahlreiche Sandstrände, die sich bis zum Meeresarm Broken Bay erstrecken. In diese Bucht, die vom Ku-ring-gai Chase National Park mit seinen Felsgravuren der Aborigines gesäumt wird, mündet auch der von den Blue Mountains kommende Hawkesbury River. Bis zur bedeutenden Hafenstadt Newcastle weiter im Norden wird die Küste noch von einigen weiteren Meeresarmen wie dem Lake Macquarie, dem größten Salzwassersee Australiens, geprägt. Im Binnenland wartet das fruchtbare Hunter Valley mit zwei Schätzen auf: Der Abbau von Kohle und der Anbau von Wein liefern dort bereits seit dem frühen 19. Jahrhundert hohe Erträge.

Von hier bis zur Grenze nach Queensland ist die Pazifikküste mit Ferienorten und Naturschönheiten förmlich übersät. Der Myall Lakes National Park verkörpert eine ungewöhnliche Mischung aus Buschland, Regenwald, Seen, Dünen und Stränden – mit Känguruhs, Ameisenigeln, Pelikanen und Trauerschwänen. Jenseits der Seen folgen weitere Strände, Nationalparks und kleinere Ferienorte wie Port Macquarie. Zentren der ertragreichen Milch- und Holzwirtschaft im Hinterland sind Taree, Wingham und Gloucester. Die Stadt Coffs Harbour markiert den Beginn einer subtropischen Zone, die zahlreiche Urlauber anzieht und den Anbau von Obst und Gemüse ermöglicht. Das weiter nördlich gelegene Grafton ist ein Zentrum des Zuckerrohr-Anbaus und der Milchwirtschaft. Byron Bay mit seinen prächtigen Stränden, dem subtropischen Hinterland und seinem majestätischen Leuchtturm an Australiens östlichstem Punkt ist ein beliebter Ferienort.

Im Binnenland erhebt sich die Great Dividing Range zu einigen Hochregionen wie den Barrington Tops, die zum East Coast Temperate und dem Subtropical Rainforest Park (Welterbe der Menschheit) gehören. Einen Blickfang bildet Mount Warning, das Herzstück eines ursprünglich immensen Vulkans. Zwischen dem Hochland und den westlichen Ebenen liegen mit Tamworth, Armidale, Glen Innes, Inverell und Tenterfield einige der bedeutendsten Agrarstädte von New South Wales.

Gleich hinter der Grenze von Queensland präsentiert sich ein anderes Bild. Die Gold Coast – einst ein ruhiger Streifen mit Sandstränden und Brandungswellen – ist heute ein modernes Touristenzentrum mit hochaufschießenden Gebäuden, Themenparks und allerlei Glamour. Im Hinterland dagegen begegnet man Naturlandschaften wie dem Lamington National Park mit subtropischem Regenwald, zerklüfteten Höhenzügen und einer vielfältigen Tierwelt (Nasenbeutler, Leierschwänze und Warane). Weiter im Westen werfen die fruchtbaren Böden des Granite Belt und der Darling Downs um Stanthorpe, Warwick und Toowoomba Getreide, Gemüse, Milchprodukte, Wolle und Wein ab.

Seit seiner Gründung als Sträflingssiedlung im frühen 19. Jahrhundert hat sich das subtropische Brisbane zu einer modernen Metropole mit etwa 1,3 Millionen Einwohnern entwickelt. Am Brisbane River gelegen und mit der Moreton Bay über ein großes Naherholungsgebiet verfügend, besticht Brisbane durch seine angenehm lockere Atmosphäre. In der Bucht, die einst große Aboriginal-Gemeinschaften mit Fischen und Schalentieren versorgte, liegen mehrere Inseln, so auch der Nationalpark Moreton Island mit Dünen, Heide, Wald und Seen.

Weiter landeinwärts steigen die Glasshouse Mountains (Reste alter Lavaschlote) unvermittelt aus der Ebene auf und markieren den Beginn der Sunshine Coast, die trotz attraktiver Ferienorte wie Caloundra, Mooloolaba, Maroochydore und Noosa Heads weit beschaulicher ist als die glitzernde Gold Coast. Neben einzelnen Landzungen und Sandstränden sind die verzweigten Arme des Noosa River und die Wälder und Graslandzonen des Noosa National Park erwähnenswert. Der Cooloola National Park mit seinen Dünen, Wäldern, Heidelandschaften, Sümpfen und Wasserläufen ist Teil jenes großen Sandgürtels, der auch Moreton Island und Fraser Island weiter im Norden umfaßt. Die turmhohen, bunten Sandklippen von Rainbow Beach bilden einen prächtigen Rahmen für die Ortschaft; die vermutlich 40.000 Jahre alten Klippen erstrecken sich über eine Distanz von 30 km und enthalten Sand mit über siebzig verschiedenen Farbtönen. Die Hügel und Wasserfälle der Blackall Range im Hinterland liefern einen reizvollen Kontrast zu diesem Schmuckstück an der Küste.

*Mit blaugrünem Wasser und blendend weißem Sand – dem angeblich hellsten der Welt – wie hier in Honeymoon Bay* **(linke Seite)** *gilt Jervis Bay als eines der Juwele der Südküste von New South Wales.*

*Der breite Murray River* **(oben)** *bildet die Grenze zwischen New South Wales und Victoria und ermöglichte ab 1850 den Zugang zu den Städten im Binnenland. Die einst unverzichtbaren Schaufelraddampfer sind heute nur noch nostalgische Vehikel, die zur Erkundung des größten australischen Flusses einladen.*

*Glanzpunkt der Sunshine Coast ist neben ausgezeichneten Freizeiteinrichtungen der 432 ha große Noosa National Park mit Küsten, Grasland, Wald, Heide und – wie hier in Tea Tree Bay* **(rechts)** *– mit felsigen Landzungen und ruhigen, von Schraubenpalmen gesäumten Stränden.*

Das nahegelegene Fraser Island, mit 123 km Länge die weltgrößte Sandinsel und eine der elf als Welterbe eingestuften australischen Stätten, ist berühmt für seine bunten Teewah-Klippen - mineralisch gefärbte Sandablagerungen. Dies ist einer der wenigen Orte, wo Regenwälder auf Sand wachsen. Weitere Bestandteile der dichten Inselvegetation sind Farne und Wildblumen. Die Tierwelt ist mit Dingos, Wildpferden *(brumbies)*, Opossums, Wallabys, Ameisenigeln und rund 240 Vogelarten vertreten. Fraser Island besitzt über vierzig Süßwasserseen und mehrere große Wanderdünen. Von August bis Oktober passieren alljährlich Buckelwale die Great Sandy Strait zwischen Fraser Island und Hervey Bay, die der ohnehin einzigartigen Region zu einem weiteren Natur-Highlight verhelfen.

Auf dem Festland ermöglichen die fruchtbaren Böden in der Umgebung von Maryborough und Bundaberg den großflächigen Anbau von Zuckerrohr. Bundaberg ist überdies berühmt für seinen Rum und den Strand von Mon Repos, auf dem Meeresschildkröten ihre Eier ablegen. Einst war dieser Sammelplatz der Karett-, Leder- und seltenen Flatback-Schildkröten sozusagen ein Gourmettempel der Aborigines.

Das Great Barrier Reef erreicht seinen südlichsten Punkt in Höhe der Hafenstadt Gladstone. Lady Elliot und Lady Musgrave Island sind echte Koralleninseln, die Myriaden von Seevögeln und Schildkröten beherbergen. Weiter nördlich „kreuzt" der Südliche Wendekreis bei Rockhampton die Küste und markiert den Beginn der Tropenregion.

Sydney bildet den – wenn auch nicht geographischen – Mittelpunkt der Ostküste. Seit den bescheidenen Anfängen im Jahr 1788 wurde aus der Geburtsstätte der Nation eine Weltstadt mit vier Millionen Einwohnern. Mit einem imposanten Hafen, einer Küste mit herrlichen Stränden und der nahegelegenen Halbwildnis der Blue Mountains, des Ku-ring-gai Chase und des Royal National Park gesegnet, besitzt Sydney eine wahrhaft günstige Lage – wenn dafür ein Zufall der Geschichte verantwortlich ist, so war es jedenfalls ein glücklicher.

*Das an auffälliger Stelle am Hafen nördlich des Stadtzentrums gelegene Opernhaus von Sydney* **(oben links)** *wurde 1973 nach 14-jähriger Bauzeit von Königin Elisabeth II. eröffnet. Auf seinen fünf Bühnen werden auch Ballette, Konzerte und Schauspiele aufgeführt.*

*Die massive Sydney Harbour Bridge* **(oben)** *galt bei ihrer Vollendung im Jahr 1932 als herausragende Ingenieurleistung. Die häufig überfüllten acht Fahrspuren werden seit Anfang der 90er Jahre durch den Sydney Harbour Tunnel entlastet.*

*Brisbane* **(links)**, *Hauptstadt und Wirtschaftszentrum von Queensland, ist nach Sydney und Melbourne die drittgrößte Stadt Australiens. Trotz des Baubooms der 80er Jahre und der zunehmenden Urbanisierung geht es in dieser einst verschlafenen subtropischen Metropole am Brisbane River, die aus einer Sträflingskolonie hervorgegangen ist, immer noch sehr locker zu.*

*Canberra wird von seinem auf dem Capital Hill thronenden New Parliament House dominiert* **(rechte Seite)**, *das 1988 anläßlich der australischen Zweihundertjahrfeier für mehr als eine Milliarde australische Dollar fertiggestellt wurde. In dem futuristischen Gebäude aus Granit, Glas und Stahl tagt das Bundesparlament.*

**Lady Elliot und Lady Musgrave Island**

*Das ungefähr 2.300 km lange Great Barrier Reef verläuft parallel zur Küste von Queensland. Nördlich von Cape York beginnend, erreicht es südlich der Hafenstadt Gladstone und in der Nähe von Lady Elliot Island* **(linke Seite)** *sein südliches Ende. Im Gegensatz zu zahlreichen sogenannten Barrier-Reef-Inseln liegt diese Insel direkt über dem Riff und ist eine echte Koralleninsel, deren saubere Gewässer mit ihren meist prächtig leuchtenden Korallenfischen im Rahmen des ausgedehnten Great Barrier Reef Marine Park geschützt sind. Von November bis März dient die Insel den Meeresschildkröten als Eiablagestätte. Sie wird überdies zwischen Juli und Oktober von vorbeiziehenden Walen passiert. Vor allem im Sommer herrscht hier reges Leben, wenn Unmengen kreischender Seevögel die Nistplätze in Beschlag nehmen.*

*Lady Elliot Island ist nach einem Schiff benannt, das 1816 auf dem Weg nach Sydney hier vorbeisegelte, und besitzt eine kleine, bescheidene Ferienanlage, die Taucher und Naturfreunde anzieht. Die Insel wird regelmäßig von Bundaberg aus angeflogen, doch die Besucherzahlen sind aus Naturschutzgründen streng limitiert. Aufgrund der mit einer Riffkrone vergleichbaren Lage ist die Insel für Schnorchler und Taucher ungemein attraktiv.*

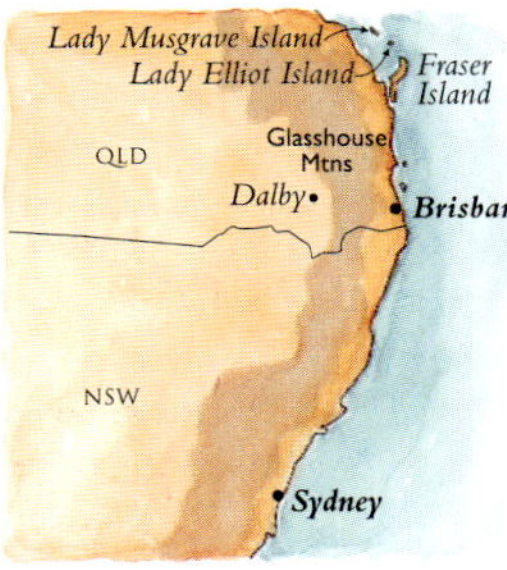


*Auch Lady Musgrave Island* **(oben)** *ist eine Koralleninsel und als Nationalpark ausgewiesen. Im Gegensatz zu ihrer Nachbarin gibt es hier jedoch keinerlei Freizeiteinrichtungen. Camper sind in begrenzter Zahl willkommen, doch Trinkwasser und Vorräte müssen vom Festland mitgebracht werden. Die fehlende Infrastruktur wirkt auf den Normaltouristen eher abschreckend. Auch diese sandige Insel ist sehr niedrig gelegen und vornehmlich mit Schraubenpalmen, Kasuarinen und Gräsern bewachsen. Die Pflanzen wurzeln nicht in richtiger Erde, sondern in einer aus Blättern und Guano bestehenden Kompostschicht. Das nur 14 ha große Lady Musgrave Island ist von einer blauen Lagune und einem fast 5 km langen Riff umgeben. Besucht wird die Insel auch von mehr als fünfzig Vogelarten wie keilschwänzigen Sturmtauchern, Küstenreihern und Noddiseeschwalben. Ab Oktober kommen Suppen- und Karettschildkröten zur Eiablage. Lagune und Riff beherbergen Hunderte von Fischarten mit oftmals ungemein leuchtenden Farben sowie diverse Hart- und Weichkorallen.*

## Fraser Island

*Mit einer Länge von 123 km und einer durchschnittlichen Breite von 14 km ist das vor der Südküste von Queensland gelegene Fraser Island eine der größten Inseln Australiens. Von Captain Cook ursprünglich als Great Sandy Island bezeichnet, handelt es sich um die weltgrößte Sandinsel, die aufgrund ihrer Einzigartigkeit 1992 als Welterbe eingestuft wurde. Die Insel ist nach dem Seefahrer James Fraser und seiner Frau benannt, die hier 1836 Schiffbruch erlitten, und ist überhaupt ein wahrer Schiffsfriedhof. Das Wrack des alten Luxusliners „Maheno" **(oben)** liegt seit 1935 an der Ostküste und ist heute eine vielbesuchte Attraktion.*

*Im Lauf von Jahrmillionen aus Siliciumdioxid und anderen von der Great Dividing Range herabgeschwemmten Ablagerungen gebildet, besteht Fraser Island nahezu gänzlich aus Sand unterschiedlicher Art, Beschaffenheit und Farbe. Besonders faszinierend ist der alte, Teewah genannte Sand, was „bunt" bedeutet. Der entlang der Ostküste und oftmals zu Klippen verdichtete Sand besitzt zahlreiche feine Schattierungen von Creme-, Beige-, Ocker-, Rosa- und Rotbraun-Tönen, wie diese bizarren Strukturen **(unten)**. Die Verfärbung entstand durch das langfristige Einwirken von Mineralien. Weitere interessante Gebilde sind die riesigen, vor nichts haltmachenden Wanderdünen.*

*Die hervorstechenden Merkmale von Fraser Island sind die Sandklippen, die dichte Vegetation und die über vierzig meist im Süden befindlichen Süßwasserseen wie Lake Boomanjin – einer von mehreren, oberhalb des Meeresspiegels gelegenen und zwischen den Dünen „eingezwängten" Seen.*

*Auf einer Sandinsel würde man alles andere erwarten als Regenwald. Weite Teile wurden bedauerlicherweise von der Mitte des 19. Jahrhunderts an mehr als hundert Jahre lang abgeholzt. Den in jüngerer Vergangenheit betriebenen Sandabbau stellte man 1976 nach massiven Protesten wieder ein.*

*An der Nordspitze von Fraser Island erhebt sich jenseits der gerippten Sandflächen der 1870 errichtete Leuchtturm von Sandy Cape. Auf der Insel gibt es keine Straßen, weshalb zur Erkundung der größten Teile dieser außerordentlich sandigen Landschaft ein Allradfahrzeug vonnöten ist.*

*Die von der untergehenden Sonne vergoldeten Wolken spiegeln sich im Lake Boomanjin* **(oben)**. *Dieser große See im Süden von Fraser Island ruht auf einem alten Torfbett oberhalb des Meeresspiegels zwischen den Dünen. Die Insel ist weitgehend ohne Infrastruktur, abgesehen von ein paar kleineren Ortschaften an der Ostküste und einer dem „sanften" Tourismus verpflichteten Anlage im Westen. Die an die Great Sandy Strait grenzende und gen Süden auf das Festland von Hervey Bay weisende Küste ist ein beliebter Ort für die Beobachtung von Buckelwalen auf ihrer alljährlichen Wanderung. Zu den über zweihundert hier vertretenen Vogelarten zählen Eisvögel, Wanderfalken und Großstörche (Jabirus).*

*Durch die Anerkennung als Welterbe und als Teil des Great Sandy National Park mit seinen Wäldern, Seen, bunten Sandklippen und Küsten ist Fraser Island doppelt geschützt. Dieser verlassene Strand an der Ostküste, nahe des Wracks der „Maheno", läßt erkennen, warum die Insel bei Naturkundlern, Ornithologen und allen Naturfreunden so beliebt ist* **(links)**.

*Fraser Island beherbergt eine beträchtliche Zahl von Beuteltieren wie Wallabys und Opossums sowie Ameisenigel und Brumbies – das sind Wildpferde, die von im 19. Jahrhundert eingeführten Pferden abstammen. Die hier ebenfalls lebenden Dingos* **(unten)** *sind aufgrund der Isolation die reinrassigsten Vertreter ihrer Art im östlichen Australien. Obgleich bisweilen als uraustralischer Hund angesehen, gelangte der Dingo doch „erst" vor 6.000 Jahren auf den Kontinent. Dingos und Haushunde können aufgrund ihrer nahen Verwandtschaft gemeinsame Nachkommen zeugen. Dingos bellen jedoch nicht und haben nur einmal jährlich Welpen.*

**Bundaberg und Zuckerrohr**

*Die im zentralen Queensland gelegene Bundaberg-Region bildet seit langem den Kern eines ertragreichen Zuckerrohr-Anbaugebiets. Aufgrund einer Eingebung örtlicher Pioniere wurden bereits 1869 die ersten Pflanzen gesetzt, und dank der fruchtbaren Basaltböden florierte die Branche nur zehn Jahre später bereits dermaßen, daß Arbeitskräftemangel ihre Entwicklung zu hemmen drohte. Eine wenig menschenfreundliche Lösung fand man in der Rekrutierung von Arbeitskräften von den Südseeinseln. Diese sogenannten Kanaken wurden oftmals von Erpressungskommandos zum Verlassen ihrer Heimat gezwungen und bei ihrem Eintreffen in Queensland sehr schlecht behandelt. Zu Hungerlöhnen mußten die unglückseligen „Einwanderer" unter schlechtesten Bedingungen und in der sengenden subtropischen Sonne die anstrengende Arbeit des Urbarmachens, Pflanzens und Schneidens manuell verrichten.*

*Ende der 80er Jahre des 19. Jahrhunderts gab es in Bundaberg an die vierzig Zuckerfabriken, und Rum war bereits ein wichtiges Nebenprodukt. Heute ist die Stadt berühmt für ihren in ganz Australien als „Bundy" bekannten Bundaberg-Rum. Das Foto oben zeigt den dunklen, fruchtbaren Boden und die noch jungen Zuckerrohr-Pflanzen, die kurz vor der Ernte dann bis zu vier Meter hoch sind und ein nahezu undurchdringliches Dickicht bilden.*

*Dieser Zuckerrohrbrand mag wie ein unkontrolliertes Buschfeuer aussehen* **(rechte Seite)**, *doch absichtlich gelegte Brände sind in der Umgebung von Bundaberg und in den nördlicheren Zuckerrohr-Regionen von Queensland ein saisonal vertrauter Anblick. Zuckerrohr ist nach zwölf bis sechzehn Monaten ausgereift und wird zwischen Juli und November geerntet; das Abflämmen vor der Ernte ist ein traditionelles Verfahren. Obgleich Zuckerrohr heute zunehmend häufiger in grünem anstatt in abgebranntem Zustand geerntet wird, entfernt das Feuer doch Unkraut, Blätter und andere die Verarbeitung behindernde Fremdkörper. Zuckerrohr wird meist spätnachmittags oder abends abgebrannt; es fängt rasch Feuer, und die hoch aufschießenden Flammen sind nicht minder spektakulär als der Sonnenuntergang.*

*Die Zuckerrohr-Ernte war einst eine aufreibende Knochenarbeit, erfolgt heute jedoch maschinell. Das in kleine Stücke zerschnittene Zuckerrohr wird auf eigens dafür angelegten Bahnlinien, die kreuz und quer durch die gesamte Anbauregion verlaufen, zu den Fabriken gebracht. Mit ihren rund 1.400 Zuckerrohr-Farmen und vier Fabriken kommt die Bundaberg-Region für etwa ein Fünftel der australischen Zuckerproduktion auf. Rohzucker wird in großen Mengen in Länder wie die USA, China, Japan und Neuseeland ausgeführt.*

**Die Glasshouse Mountains**

*Nicht weit entfernt vom Bruce Highway, der Brisbane mit der Sunshine Coast verbindet, ragen die bizarren Glasshouse Mountains aus einer sonst eher flachen Umgebung hervor. Ihren Namen erhielten sie 1770 von Captain Cook, da sie ihn an die Glasöfen seiner Heimat Yorkshire erinnerten. In Wirklichkeit handelt es sich um die in Vulkanschloten erstarrte Lava – der äußere Vulkanmantel wurde im Laufe der Zeit abgetragen. Vier Nationalparks umfassen einige der elf Gipfel sowie die sie umgebenden Heidelandschaften, Regen- und Eukalyptuswälder. Die von Koalas, Ameisenigeln und Wallabys bevölkerte Region zieht besonders Wanderer und Kletterer an. Der Blick von dieser Farm im Hinterland in Richtung Küste läßt die Berge im südlichen Queensland besonders eindrucksvoll erscheinen* **(links)**.

*Die beiden höchsten Gipfel der vermutlich vor etwa 20 Millionen Jahren entstandenen Glasshouse Mountains sind der 556 m hohe Mount Beerwah und der 375 m hohe Mount Coonowrin, „Krummnacken" in der Sprache der Aborigines* **(oben)**. *In einer ihrer Legenden gelten diese (in der Nähe von Mount Tibrogargan gelegenen) und andere Gipfel als eine Familie aus Vater, Mutter, älterem Sohn und jüngeren Kindern. Bei Sonnenuntergang als Silhouetten sichtbar, ähneln die markanten Formen in der Tat fremdartigen Figuren aus einer anderen, mythischen Welt.*

**Dalby**

**Nachfolgende Doppelseite:** *Die ganz im Südosten von Queensland gelegenen sogenannten Darling Downs sind eine äußerst fruchtbare Agrarregion, die einen Großteil der von Queensland benötigten Grundnahrungsmittel und weitere bedeutende Güter wie etwa Wolle erzeugt. Die seit den 40er Jahren des 19. Jahrhunderts von Rinderfarmern bewirtschaftete dunkle Erde ermöglicht heute eine reiche Ernte von Weizen, Mais, Baumwolle und anderen Feldfrüchten sowie die Zucht von Rindern, Schafen, Schweinen und Geflügel. In den Silos nahe der Stadt Dalby sind große Kornmengen für den Weitertransport zu einer der zahlreichen Getreidemühlen gelagert.*

**Lamington National Park**

*Im Hinterland der Gold Coast von Queensland kontrastiert die grüne Weitläufigkeit des Lamington National Park mit den weniger als 50 km entfernten Hochhäusern und Touristenscharen an der Küste. Der Park birgt die geringen Restbestände an subtropischem Regenwald im südöstlichen Queensland und ist eine feuchte Hochlandregion mit dichtbewaldeten Hügeln und Bergen, Klippen und Wasserfällen. Zu den faszinierendsten hier vertretenen Gewächsen zählt der Grasbaum (Xanthorrhoea) – ein urtümlicher, nur in Australien vorkommender Baum mit robustem, dunklem Stamm, länglichen Blättern und einer endständigen Ähre mit winzigen Blüten* **(oben)**. *Der seit 100 Millionen Jahren in Australien heimische Baum ist ein Überlebenskünstler, der auch Dürrezeiten, Überflutungen und Brände übersteht.*

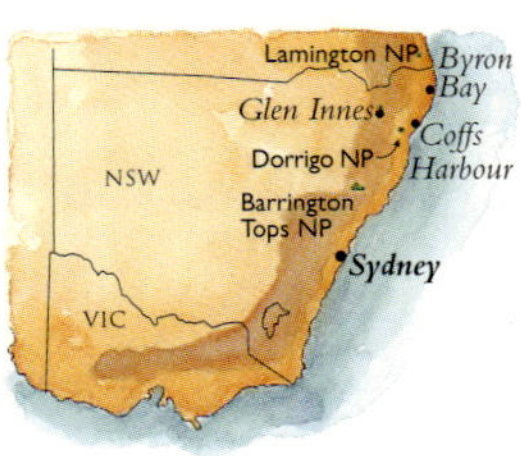


*Der Nationalpark, der sich von einem Teil der McPherson Range bis zu den weit darunter befindlichen Tälern erstreckt, bietet herrliche Panoramablicke* **(rechte Seite)**. *Die Höhenunterschiede gehen mit einer entsprechenden Pflanzenvielfalt einher: von Regenwald in den unteren Ausläufern bis zu Flammenbäumen und – auf dem kühlen Plateau – einzelnen alten Südbuchen (Nothofagus). Der Park bietet zahlreichen Tieren einen idealen Lebensraum: Allfarbloris, Königs- und Pennant-Sittichen ebenso wie einigen kleinen Beuteltieren wie Opossum, Langschnauzen-Kaninchenkänguruh, Nasenbeutler und Filander.*

## Die Nordküste von New South Wales

*Nördlich des Urlauberzentrums Tweed Heads geht New South Wales nahezu unmerklich in Queensland über. Dieser Küstenabschnitt enthält einige lange Strände, die von Urlaubern für Bootsausflüge, für Angelpartien und zum Surfen aufgesucht werden. Ganz anders präsentiert sich dagegen weiter im Norden die glitzernde Gold Coast von Queensland mit der Stadt Surfers Paradise mit ihren Hotels, Ferienwohnungen, Themenparks, einem Kasino und Einkaufspassagen. Vom Strand bei Tweed Heads werden in der Abenddämmerung die ersten Lichter am Horizont sichtbar* ***(linke Seite).***

*Tweed Heads, die nördlichste Stadt von New South Wales, liegt an der Mündung des Tweed River, der sich von der Great Dividing Range herabwindet. Der Leuchtturm* ***(oben)*** *steht am Point Danger. Den Namen prägte Captain Cook, nachdem er 1770 mit der „Endeavour" auf den vorgelagerten Riffen beinahe Schiffbruch erlitten hätte.*

*Ausgehend von Cape Byron, dem östlichsten Punkt Australiens* ***(unten),*** *erstrecken sich die oftmals menschenleeren Strände gen Norden bis zur 80 km entfernten Grenze zu Queensland. Mit subtropischem Hinterland, malerischen Städten und Dörfern, schönen Stränden und einer Unzahl von Wassersport-Möglichkeiten ist diese Gegend eine der beliebtesten Urlaubsregionen der Ostküste.*

***Nachfolgende Doppelseite:*** *Der Yachthafen Coffs Harbour (die Aufnahme entstand auf Muttonbird Island) ist ein Treffpunkt für alle Freunde von Sonne, Sand und Surfen. Die Siedlung ist das wichtigste Touristenzentrum an der Nordküste von New South Wales und beheimatet zudem eine große Fischereiflotte. Weiter landeinwärts münden die bewaldeten Hügel der Great Dividing Range in fruchtbares Ackerland, auf dem subtropische Früchte angebaut werden.*

**Glen Innes**

*In der Granitregion rund um die Agrar- und Bergbaustadt Glen Innes im Norden von New South Wales sind einige merkwürdig geformte Felsen entstanden. Am berühmtesten ist Balancing Rock, der in der Nähe des in den Süden der Stadt führenden Highways liegt* **(oben)**. *Man schätzt, daß dieser große Findling auf einer Fläche von nicht mehr als 30 cm Durchmesser ruht. Viele Bauwerke in dieser Gegend wurden aus dem hier gebrochenen Granit errichtet, so auch das städtische Gerichtsgebäude aus den 70er Jahren des 19. Jahrhunderts.*

**Dorrigo National Park**

*Der zu Recht als Welterbe eingestufte Dorrigo National Park ist eine durch Orchideen, Farne, Regenwald und Wasserfälle geprägte, besonders regenreiche Naturlandschaft* **(rechte Seite)** *mit dem wild-dramatischen Dorrigo-Steilabbruch als Höhe- und Mittelpunkt. Auf Höhe des Badeorts Coffs Harbour gelegen, beherbergt das üppig wuchernde Habitat mehr als 120 Vogelarten wie das Buschhuhn und den prächtige Leierschwanz, ferner kleinere Beuteltiere wie Wallaby und Opossum.*

## Myall Lakes National Park

*Nur 90 km von Newcastle, der mit 400.000 Einwohnern zweitgrößten Stadt von New South Wales, entfernt liegt eines der attraktivsten Reservate dieses Bundesstaates. Der Nationalpark umfaßt eine Reihe von Küstenseen, Stränden und vorgelagerten Inseln. Seine Wasserwege bilden eines der größten Küstensee-Systeme von New South Wales und sind Lebensraum für Wasservögel wie Seeadler, Kraniche, Trauerschwäne und Enten. Neben Trekking-, Boots- und Kanutouren, Angeln und Windsurfen bieten sich Tauchgänge in den durch eine Kette aus Sanddünen von den Seen abgetrennten Küstengewässern an. Die üppige Vegetation besteht aus großen Eukalypten, Wattle-Bäumen, Regenwaldbäumen sowie den im Bild links abgebildeten, am Wasser heimischen Papierrindenbäumen und Kasuarinen. Im Park leben unter anderem Wallabys, Graue Riesenkänguruhs, Warane und Ameisenigel.*

## Barrington Tops National Park

*Der nordwestlich der Myall Lakes gelegene Barrington Tops National Park gehört zu den als Welterbe eingestuften East Coast Temperate and Subtropical Rainforest Parks. Der Park dient dem Erhalt von subtropischen, trockenen, gemäßigt-warmen und -kühlen Regenwaldgebieten* ***(unten)****, die vor Auslichtung und Kahlschlag verschont blieben. Hoch über dem nördlichen Steilabbruch von Hunter Valley gelegen, umfassen die Barrington Tops unterschiedliche Höhenlagen mit ihrer jeweiligen Vegetation – Sümpfe und Regenwälder, Hochland mit Südbuchen und Schnee im Winter. Känguruhs, Wallabys, Opossums, Reptilien und zahlreiche Vögel sind hier heimisch.*

**Sydney**

*Vorhergehende Doppelseite:* Sydney Harbour bei Sonnenuntergang – die Silhouetten der Brücke und des Opernhauses heben sich vom rotglühenden Abendhimmel ab. Es erscheint heute nahezu unglaublich, daß es lediglich einem historischen Zufall zu verdanken ist, daß die „Erste Flotte" von Botany Bay ein Stück weiter gen Norden zu den prächtigen Gewässern von Port Jackson weitersegelte. Eine besondere Attraktion ist heute die Sydney Harbour Bridge, die viele Jahre lang die einzige Nord-Süd-Verbindung in diesem Teil des Hafens bildete.

Bondi, der wohl berühmteste Strand von Sydney **(links)**, ist nur 8 km vom Stadtzentrum entfernt und steht offenbar bei den meisten Sydney-Touristen auf der Liste der zu besichtigenden Sehenswürdigkeiten. Im Sommer herrscht entsprechender Andrang.

*Die Skyline von Sydney* **(oben)** *erfuhr in den letzten 200 Jahren eine grundlegende Veränderung. Wo einst dichte Eukalyptuswälder an den Ufern wucherten, recken sich heute Hochhäuser um die Wette in die Höhe. Am Rand des Stadtzentrums und von den modernen Gebäuden in den Schatten gestellt, hat der Uhrturm des 1888 errichteten Zollgebäudes Mühe, Aufmerksamkeit zu finden. Der die Häuserfront querende Cahill Expressway führt über den Bradfield Highway zur Harbour Bridge. Das Circular Quay (im Vordergrund) ist der Hauptanleger im Fährbetrieb.*

*Die Fahrten mit den verschiedenen Fähren bieten gute Gelegenheiten zu einer Hafenbesichtigung. Viele der im Stadtzentrum tätigen Einwohner Sydneys nutzen die Fähren als alltägliches Nahverkehrsmittel, zumal zahlreiche Vororte durch Schnellfähren angebunden sind. Es gibt auch eine Route, die unter der Brücke hindurch und vorbei an Goat Island den Parramatta River hinab bis in die westlichen Vororte führt. Etwas geruhsamer geht es auf den Ausflugsfahrten in die diversen Ecken und Winkel von Sydney Harbour zu.*

*Alljährlich am 26. Januar platzt der Hafen aus allen Nähten, wenn die Australier ihren Australia Day feiern, den Jahrestag des Eintreffens der ersten Europäer in Sydney Cove. Bei der Wettfahrt der Fähren geht es darum, als erster die Brücke zu erreichen* **(unten)***. Jeder, der ein Boot besitzt, macht mit, und zahlreiche Zuschauer mit Picknickkörben bevölkern die Ufer. Zum Abschluß gibt es meist noch ein Feuerwerk, das seine Farben auf die nächtliche City herabregnen läßt.*

**Blue Mountains National Park**

*Die Three Sisters („Drei Schwestern“) bilden einen der Höhepunkte des weniger als 100 km westlich von Sydney gelegenen Blue Mountains National Park. Die am Aussichtspunkt Echo Point bei der Stadt Katoomba gemachte Aufnahme* **(oben)** *zeigt im Hintergrund das bewaldete Jamison Valley und die den Südrand des Parks bildenden schroffen Bergkämme. Am Zauber der Landschaft ändert auch die Tatsache nichts, daß die Berge relativ klein sind – der höchste Punkt liegt nur 1.065 m über dem Meeresspiegel – und nicht aus einer Gipfelkette, sondern aus einem Erosionsplateau bestehen.*

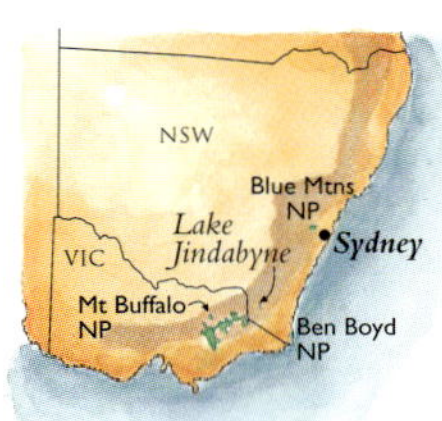


*Der für den Nationalpark charakteristische Sandstein ist auch das „Baumaterial“, aus dem die Three Sisters bestehen. Nach einer Aboriginal-Legende wurden die Schwestern zu Stein verwandelt, um sie vor einem Ungeheuer zu retten. Aborigines lebten bereits vor mindestens 14.000 Jahren in dieser Hochlandregion; hiervon zeugen Axtschleifrillen, Felsgravuren und -zeichnungen.*

*Ihren Namen verdanken die schroffen Blue Mountains dem Umstand, daß aufgrund der Verdunstung von Eukalyptusöl aus den zahlreichen Gum Trees oftmals eine bläuliche Dunstglocke über dem Wald liegt. In den ersten 25 Jahren des Bestehens der neuen Kolonie bildeten die Blue Mountains ein Hindernis für weitere Erkundungen. Dieser Abschnitt der Great Dividing Range zeichnet sich aus durch Steilabbrüche, bewaldete Täler und spektakuläre Felswände wie etwa Hanging Rock* **(rechte Seite)**, *die viele frühe Entdecker auf ihrer Suche nach einem Weg über die Berge verzweifeln ließen. Der Blue Mountains National Park umfaßt über 200.000 ha unwegsamen Geländes. Südlich des Great Western Highway – er folgt der 1813 angelegten Kammroute – senken sich die Felsen jäh in das Jamison Valley hinab. Diese Wildnis, in der Sumpfwallabys, Opossums, Wombats sowie eine unglaublich reiche und farbenprächtige Vogelwelt beheimatet sind, ist ein beliebtes Trekking-Revier.*

**Morton National Park**

*Der Morton National Park in den ländlichen, weitgehend unangetasteten Southern Highlands (im Westen von Nowra) verläuft auf einer Strecke von 97 km am Rand und an den Abhängen eines hohen Sandsteinplateaus entlang. Der zum Großteil innerhalb des Parks gelegene Illawarra-Steilabbruch wirkt ähnlich wild und zerklüftet wie die Blue Mountains. Die wohl eindrucksvollsten der zahlreichen Wasserfälle sind die Fitzroy Falls, die sich aus 82 m Höhe in ein fruchtbares Tal ergießen* **(oben)***. Einige Wanderwege, die sich im Westen und Osten anschließen, bieten schöne Ausblicke auf die Wasserkaskaden und das umgebende Buschland. Neben vielen Straucharten sind Banksia serrata, Eucalyptus eugenioides, E. piperita und Scribbly Gum Trees (Eucalyptus ssp.) besonders häufig vertreten. Die abwechslungsreichen Lebensräume beherbergen beispielsweise Graue Riesenkänguruhs, Sumpfwallabys, Rothalskänguruhs, Schlangen, Echsen, Keilschwanzadler, Pfeifweihen, Leierschwänze, Papageien, östliche Borstenschwanzvögel und den gefährdeten Nachtsittich.*

*Manning Lookout, ein Aussichtspunkt am Rand des Morton National Park, bietet einen Panoramablick auf das beschauliche Kangaroo Valley* **(links)***. Dr. Charles Throsby erforschte diese Region bereits 1818, nur dreißig Jahre nach dem Eintreffen der „Ersten Flotte". Bald zogen Farmer in dieses Paradies, gefolgt von Schürfern auf der Suche nach Silber, Gold, Kupfer, Zinn, Blei und Zink. Mit seinen zwischen den Regenwaldhängen des Illawarra-Steilabbruchs verstreuten Farmen ist Kangaroo Valley eines der schönsten Täler von New South Wales. Das gesamte Tal wurde zusammen mit der Ortschaft – bemerkenswert ist die 1898 im mittelalterlichen Stil errichtete Hängebrücke – vom National Trust als erhaltenswert eingestuft.*

**Land der Kontraste**

*Obgleich er nur einen schmalen Küstenstreifen umfaßt, kann der nördlich von Batemans Bay an der Südküste von New South Wales gelegene Murramarang National Park mit einer prächtigen, bewaldeten Küstenlinie aufwarten* ***(oben).*** *Hinter den Sandstränden und schroffen Landzungen erstrecken sich üppige Wälder mit großen Populationen des östlichen Grauen Riesenkänguruhs.*

*Ben Boyd National Park im relativ entlegenen tiefen Süden von New South Wales besitzt eine der ursprünglichsten Küsten des gesamten Bundesstaates* ***(rechts).*** *Tosende Brandung, herrliche Strände und faszinierende Klippen, Höhlen und Felsformationen sind die Attraktionen des nach Benjamin Boyd benannten Parks, einem schottischen Unternehmer, der Mitte des 19. Jahrhunderts viel zur wirtschaftlichen Entwicklung der Region Eden beitrug.*

*Die Region der Snowy Mountains im Süden von New South Wales ist nicht allein für ihr zerklüftetes Hochland bekannt, sondern auch für die Dämme, Stauseen und Aquädukte des Snowy Mountains Scheme – eines umfassenden Wasserkraft- und Bewässerungsprojekts, das die Wasser des Snowy, Eucumbene und Murrumbidgee River aufstaut. Zu dieser weltberühmten Ingenieurleistung zählt auch Lake Jindabyne* ***(rechte Seite).***

# *Die* MITTE

## ROTE ERDE UND BLAUER HIMMEL – UNGEZÄHMTES LAND

Australien besteht zu rund siebzig Prozent aus dem trockenen, auch als „Red Centre“, „Dead Heart“ oder kurz als „Centre“ bezeichneten Outback, das einige der kargsten Landschaften aufweist, die man sich nur vorstellen kann. Das Centre, die Mitte, umfaßt Teile von Western Australia, Northern Territory, South Australia, Queensland und New South Wales und verkörpert einen unglaublich rauhen, doch zugleich einmalig schönen Naturraum. Hier kann die Temperatur bis auf 55 Grad ansteigen, in Winternächten jedoch auch bis auf (plus) 5 Grad fallen. Trotz der Bodenschätze ist Wasser in diesem dürregeplagten Land das wichtigste Gut, und die meisten der abgeschiedenen Outback-Siedlungen sind nahezu gänzlich auf Wasser aus tiefen Brunnen angewiesen. Auch wenn das Leben hier oftmals hart ist, lebt in dieser Region doch eine beträchtliche Zahl von Menschen – Weiße wie Aborigines.

Das Outback besteht zu einem großen Teil aus Wüste; so nehmen etwa die roten Felsen, Sanddünen und Salzseen der Great Sandy, der Gibson und der Great Victoria Desert nahezu zwei Drittel von Western Australia ein. Ein Großteil von South Australia besteht aus den schier endlosen Sandkämmen der Simpson Desert sowie der Strzelecki Desert und der mit *gibbers* – harten, runden Steinen (vom Aboriginal-Wort *giba* für „Stein“) – übersäten Sturts Stony Desert. Hier trifft man auf zahlreiche ausgetrocknete Wasserläufe und auf den Lake Eyre, die weltweit größte Salzpfanne mit einem Abflußgebiet von 1,3 Millionen Quadratkilometern. Die spärlichen Regenmengen bedeuten, daß die Seen und Flüsse dauerhaft ausgetrocknet sind und Lake Eyre sich nur ein paarmal in hundert Jahren füllt. Die riesigen Wüsten gehen schließlich in ebenfalls trockene, dünnbesiedelte Regionen über – wie das „Corner Country“ mit seinen Gibber-Ebenen und Sandhügeln, das auch Cameron Corner umfaßt: das „Dreiländereck“ von South Australia, New South Wales und Queensland. Im westlichen Queensland macht die Wüste nur widerwillig dem „Channel Country“ Platz, das aus einem komplexen Geflecht periodisch fließender Bäche und Flüsse besteht und die winzige Siedlung Birdsville umgibt.

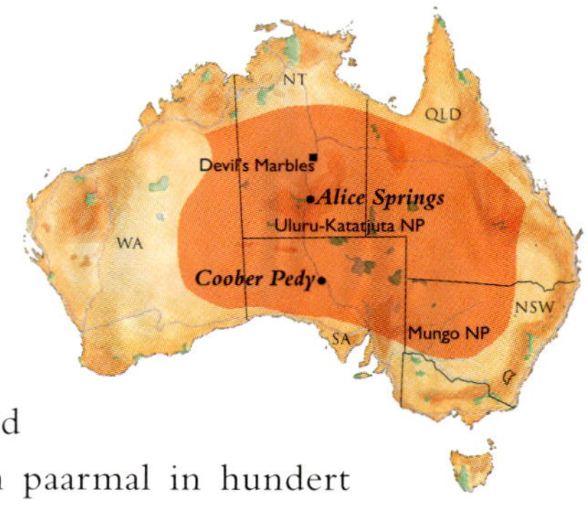


Die ausgeprägte Trockenheit verleiht der Mitte eine nicht zu leugnende rauhe Schönheit. Neben Dutzenden von Nationalparks und zahlreichen international beachteten Naturwundern kann die Region mit zwei der elf australischen Welterbestätten aufwarten: den wegen seiner Natur und seiner Kulturzeugnisse ausgezeichneten, Uluru (Ayers Rock) und Katatjuta (The Olgas) umfassenden Uluru-Katatjuta National Park und die Region Willandra Lakes innerhalb des Mungo National Park im Südwesten von New South Wales. Hier stieß man auf Schätze wie die 30.000 Jahre alten Reste des „Mungo Man“, prähistorische Steinwerkzeuge und Fossilien inzwischen ausgestorbener Tiere.

*Uluru steht für die herbe Schönheit des Outback* ***(links)****. Von den Aborigines seit jeher verehrt, wurde der Monolith erst 1872 von Ernest Giles „entdeckt“ und nach dem damaligen Premierminister von South Australia benannt. Er bekam seinen ursprünglichen Namen wieder, als die Obhut über den Uluru-Katatjuta National Park dem Volk der Yankuntjatjura und der Pitjantjatjara rückübertragen wurde.*

***Vorhergehende Doppelseite:*** *Wie dieses Bild zeigt, ist die Natur im Zentrum Australiens unerbittlich. Die meisten Versuche, sie zu bezwingen, schlugen fehl, doch der endlose blaue Horizont, die kräftigen Ocker- und Terrakottafarben sowie die Weite und Stille können überraschend schön sein. Nach einem Regenguß sprießen aus dem kargen Boden nicht selten Unmengen farbenprächtiger Wildblumen.*

*Aufgrund seiner herausfordernden Natur zog das Outback immer schon abenteuerlustige Individualisten an – was beweist, daß Entbehrungen auch mit Humor getragen werden können. Immerhin leben die Farmer hier mit der ständigen Gefahr einer Trockenheit, die ihr Vieh und damit ihre Lebensgrundlage vernichten kann. Die großen Entfernungen bedeuten oftmals ein einsames Leben, und Einrichtungen, die in der Stadt als selbstverständlich gelten, sind kaum vorhanden. Trotzdem sind die Bergleute, Rinder- und Schafzüchter, die fliegenden Ärzte, die Lehrer der School of the Air, die Ladenbesitzer und alle mit der Weidewirtschaft verbundenen Menschen gemütlicher als die Städter. Sie reden bedächtiger, nehmen sich mehr Zeit für einen Plausch und begegnen der launenhaften Natur mit größtem Respekt.*

Es gibt nur wenige echte Wasserläufe im Outback, das in weiten Teilen weniger als 250 mm Regen pro Jahr erhält. Eine Ausnahme bildet der 2.800 km lange Darling River, der vom nördlichen New South Wales bis in den Murray River fließt; dieser Grenzfluß zwischen New South Wales und Victoria war einst bedeutend für Handel und Verkehr. Auch das verschlafene Nest Wilcannia am Darling River war früher ein bedeutendes Zentrum und eine Zeitlang sogar Australiens drittgrößter Binnenhafen. Die zum Darling-River-System gehörenden Menindee Lakes umfassen den Menindee, Wetherell, Pamamaroo und Cawndilla Lake und stellen ein wichtiges Wasserreservoir dar, das vom Kinchega National Park mit seinen zahlreichen Wasservögeln und Eukalypten umschlossen wird.

Daß die ariden Böden auf den ersten Blick kaum Vegetation zulassen, überrascht nicht. Nach starkem Regen indes kehrt Leben in die Wüste ein, und aus lange ruhenden Samen werden farbenfrohe Wildblumen wie die rote und schwarze Sturts-Wüstenerbse. In einem Großteil der Wüste wachsen nur hier und da kleinwüchsige, ausdauernde Sträucher wie Salzbusch, Spinifex und Mulga-Busch. In einigen Regionen sind auch größere Bäume verbreitet: die blaßstämmigen *Ghost Gums* (Eucalyptus papuana), *Mallees* und – an Wasserläufen – *River Red Gums* (E. camaldulensis). Eine exotischere Vegetation bietet das Palm Valley im Finke Gorge National Park (Northern Territory) mit seinen etwa 3.000 mehrere hundert Jahre alten *Cabbage Palms* (Livistona) – eine üppige Oase inmitten von schroffen Felsen und Schluchten.

Die Monotonie des weitgehend flachen Landesinneren wird hier und da durch Gebirgszüge, Hügel, Schluchten und isolierte Felsformationen durchbrochen. Uluru (Ayers Rock), eine bedeutende heilige Stätte der Aborigines, ist eines der Wahrzeichen Australiens und eine seiner größten Touristenattraktionen. Im Northern Territory und mitten im Herzen des Kontinents gelegen, steigt der 348 m hohe Sandsteinmonolith mit einem Umfang von neun Kilometern unvermittelt aus den Ebenen auf, doch eigentlich verkörpert er nicht mehr als die

*Auch wenn ein Großteil des Red Centre aus Wüste besteht, ist die Landschaft doch viel abwechslungsreicher, als man annehmen könnte. Diese hohen Sanddünen der im Herzen des Kontinents gelegenen Simpson Desert* ***(links)*** *stehen in auffälligem Kontrast zur benachbarten, mit Steinen übersäten Sturts Stony Desert.*

*Das Outback enthält zahlreiche große, ausgetrocknete Salzpfannen, die sich nur nach massivem Regenfall mit Wasser füllen. Lake Callabonna in South Australia ist ein solcher wasserloser See* ***(rechte Seite)****, zugleich jedoch auch eine bemerkenswerte archäologische Fundstätte vor allem für fossile Reste von Diprotodon, dem größten Beuteltier Australiens.*

*Das Schild informiert darüber, daß der 5.600 km lange, regelmäßig von Regierungsinspektoren kontrollierte Dog Fence das Eindringen der australischen Wildhunde (Dingos) in die südlich gelegenen Schafzuchtregionen verhindern soll.*

Spitze eines 600 Millionen Jahre alten unterirdischen „Bergs". Die nahegelegenen mindestens dreißig Kuppeln von Katatjuta („viele Köpfe") gehören zu der gleichen, immensen Felsformation und zum Uluru-Katatjuta National Park, der heute unter der Obhut der Aborigines steht.

Weitere geologische Besonderheiten des Northern Territory sind der Kings Canyon im Watarrka National Park im Süden und die granitenen Devil's Marbles südlich von Tennant Creek. Die MacDonnell Ranges (Quarzit) bei Alice Springs umfassen den West MacDonnell National Park und die spektakulären Felsspalten Standley Chasm, Simpsons Gap und Finke Gorge.

In South Australia erstrecken sich die nicht sonderlich hohen, doch schroffen Flinders Ranges (Sandstein) mit dem zehn Kilometer breiten, natürlichen Amphitheater Wilpena Pound. Auch die weiter nördlich gelegenen Gammon Ranges verkörpern eine unverfälschte Hochlandregion. Isolierte Formationen im östlichen Outback sind die beeindruckenden Felsnadeln im Warrumbungle National Park (New South Wales) und die 30 km lange Carnarvon Gorge (Queensland) mit ihren senkrechten Sandsteinwänden.

Bis zum Eintreffen der Europäer im späten 18. Jahrhundert vermochten sich die Aborigines für viele Jahrtausende in diesem unwirtlichen Land zu behaupten. Archäologische Funde lassen darauf schließen, daß Australien vor 40.000, wahrscheinlicher jedoch bereits vor 50.000 Jahren von Menschen besiedelt war. Trotz der nomadischen Lebensweise, die keine Bauwerke hervorbrachte, sind Spuren erhalten, denn das Outback enthält mit zahlreichen Kultur- und Grabungsstätten eine wahre Schatzkammer der Aboriginal-Geschichte. Der nordwestlich von Wilcannia gelegene Mootwingee National Park (New South Wales) etwa verfügt über mehr als 300 bedeutende Felsgravuren und Kulturstätten; überdies bietet er zahlreichen Tieren wie Emus und Känguruhs Zuflucht. Weitere wichtige Stätten der Aborigines sind der Uluru-Katatjuta National Park, die Flinders Ranges und das Ewaninga Rock Carvings Conservation Reserve bei Alice Springs.

Die Vertreter der ungewöhnlichen Fauna des Landesinneren stammen zum großen Teil von den prähistorischen Riesenbeutlern ab. Hier leben Känguruhs, Wallabys und andere uraustralische Beuteltiere, Vögel wie Emus, Keilschwanzadler, Rosakakadus, Wellensittiche und Papageien sowie die unterschiedlichsten Schlangen und Echsen: so der bizarre Wüsten- oder Dornteufel und der Großwaran (Perentie), der mehr als zwei Meter lang werden kann. Häufiger Anblick in den nördlichen, tropischen Randzonen sind die oft bis zu sechs Meter hohen Termitenhügel. Um die von verwilderten Haushunden abstammenden Dingos fernzuhalten, bauten die Schafzüchter einen 5.600 km langen *Dog Fence*: von den Darling Downs in Queensland bis zur Großen Australischen Bucht – doppelt so lang wie die Chinesische Mauer und damit die längste künstliche Barriere der Welt.

Das Eintreffen der Europäer an der Ostküste setzte 1788 den Schlußakkord für die lange in Harmonie mit ihrer Umwelt lebenden Menschen. Mit zunehmender Neugier auf das fremde Land nahmen Männer wie Thomas Mitchell, Edward John Eyre und Charles Sturt in den 30er und 40er Jahren des 19. Jahrhunderts den beschwerlichen Weg auf sich und kämpften auf der Suche nach Farmland und einem angeblichen Binnensee gegen Hitze, Staub, angriffslustige Aborigines, Krankheit und Tod an. John McDouall Stuart, der den Kontinent als erster von Süden nach Norden durchqueren sollte (und lebend zurückkehrte!), fand Anfang der 60er Jahre einen Weg, dem bald Farmer auf der Suche nach Weideland folgten und andere, die eher Bodenschätze im Sinn hatten. Der von Adelaide im Süden bis nach Darwin im Norden reichende Stuart Highway, eine Lebensader für das Outback, folgt annähernd Stuarts legendärer Route – ebenso wie die Overland Telegraph Line nach Darwin (70er Jahre) und die Ghan-Bahnlinie.

*Das Outback verfügt kaum über nennenswerte Städte, doch Tausende von Menschen leben auf verstreuten, unglaublich entlegenen Farmen. Um so wichtiger ist die Versorgung aus der Luft etwa in Form des Royal Flying Doctor Service; es gibt sogar fliegende Gemischtwarenläden.*

Viele Outback-Siedlungen verdanken ihre Existenz diesen Pioniertaten. Alice Springs, mit 23.000 Einwohnern eine der größten Städte im Red Centre, war ursprünglich eine Relaisstation der Telegrafenlinie, so auch das durch seine Goldfunde bekannt gewordene Tennant Creek. Die Entdeckung unermeßlicher Silber-, Kupfer-, Blei- und Zinkvorkommen in den 70er und 80er Jahren des 19. Jahrhunderts ließ die immer noch blühende Stadt Broken Hill (25.000 Einwohner) in New South Wales sowie Mount Isa (24.000 Einwohner) in Queensland entstehen. Coober Pedy in South Australia sowie Lightning Ridge und White Cliffs in New South Wales verdanken ihre Existenz den weltweit bedeutendsten Opalvorkommen. Die Existenz weiterer Städte und einer gewissen Infrastruktur in dieser denkbar unwirtlichen Region erklärt sich durch die in den letzten Jahrzehnten erfolgte Entdeckung von Erdgas in Moomba und von Uran-, Gold-, Silber- und Kupfervorkommen in Roxby Downs (South Australia).

Viehzüchter und „Cowboys" erschlossen das Landesinnere im letzten Viertel des 19. Jahrhunderts, und so entstanden einige lange und berühmte Viehtrieb-Routen, etwa der Birdsville und der Strzelecki Track in Queensland und South Australia und die Canning Stock Route in Western Australia. Auch die Schafzucht spielte bei der Besiedlung durch Europäer eine Rolle, während heute der Tourismus den Fortbestand vieler Kleinstädte sichert.

Das riesige, 130.000 $km^2$ große Sperrgebiet von Woomera in South Australia diente im 20. Jahrhundert von den 50ern bis in die 70er Jahre der Erprobung von Raketen und Marschflugkörpern, und in den 50er Jahren unternahmen die Briten im dortigen Marlinga sogar Atomversuche. Obgleich die radioaktiv verseuchte Region in den 60er Jahren aufgegeben und angeblich „gesäubert" wurde, ist der Zutritt weiterhin allein den Aborigines (als Landeigentümern) gestattet.

Kommunikation und Transport sind in diesen entlegenen Regionen lebenswichtige Belange. Die Bewohner des Outback besitzen einen bereits legendären Erfindungsreichtum, um die Isolation und die „Tyrannei der Distanzen" zu überwinden. Lange vor der Existenz von Straßen wurden Kamele als Reit- und Lasttiere eingesetzt; ihren verwilderten Nachfahren begegnet man noch heute. Die Qantas (ursprünglich für „Queensland and Northern Territory Aerial Services"), Australiens internationale Fluggesellschaft, wurde 1920 in Winton (Queensland) gegründet, und 1928 nahm der Royal Flying Doctor Service im nahen Cloncurry seinen Anfang. Noch heute sind die fliegenden Ärzte unverzichtbar für die medizinische Betreuung vieler isoliert liegender Siedlungen. Eine nicht minder findige Einrichtung ist die School of the Air, die ihre Schüler mit Hilfe von Funkverkehr, Post und sogar per Satellit unterrichtet.

Während die überwiegende Mehrheit der Nicht-Aborigines auf kleine Städte und entlegene Landgüter verstreut ist, führen zahlreiche Ureinwohner ein vergleichsweise traditionsorientiertes Leben in großen Arealen, die sie von verschiedenen Bundesregierungen in den 70er und 80er Jahren zurückerhalten haben. Achtsamkeit indes zeichnet alle Bewohner dieser Region aus – ein gesunder Respekt vor der Natur und das Bewußtsein, wie wenig Kontrolle der Mensch über dieses rauhe, unberechenbare und doch außerordentliche schöne Land auszuüben vermag.

*Ein Teil der Schurgebäude der Jondaryan-Farm (Queensland) wurde in ein Museum mit täglichen Vorführungen der Kunst der Schafschur* **(oben Mitte)** *umgewandelt. Das große, 1859 errichtete Gebäude besteht aus Zedern- und hartem Eukalyptusholz (Iron Bark). Einst arbeiteten hier 88 Scherer, deren Namen in den aus England stammenden Dachsparren verewigt sind.*

*Die Overland Telegraph Line wurde zwischen 1870 und 1872 errichtet, um Adelaide mit Darwin zu verbinden. Charles Todd zeichnete für Konzept und Bauaufsicht verantwortlich. Die Relaisstation von Alice Springs war mehr als sechzig Jahre lang in Betrieb. Einige der alten Steingebäude wurden inzwischen restauriert* **(Foto unten).**

## Tennant Creek

*Mit Ausnahme wichtiger Zentren wie Alice Springs (Northern Territory), Broken Hill (New South Wales) und Mount Isa (Queensland) und ihren jeweils etwa 25.000 Einwohnern sind die Ortschaften der Mitte kaum mehr als Punkte auf der Landkarte. Mit seinen 10.000 Einwohnern gilt Katherine (Northern Territory) bereits als groß, doch die meisten Siedlungen bestehen aus nicht mehr als 2.000 bis 3.000 Menschen. Tennant Creek etwa begann als Relaisstation der Overland Telegraph Line, die Anfang der 70er Jahre des 19. Jahrhunderts von Adelaide nach Darwin verlegt wurde. Nachdem man 1932 in der Region auf Gold gestoßen war, wurde der Ort zum Mittelpunkt von Australiens letztem großen Goldrausch. Hieran erinnern die Reste dieses alten Stampfwerks* **(linke Seite)***.*

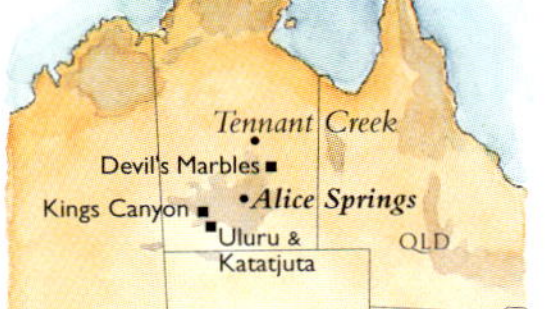


*Tennant Creek ist nach einem von dem Forschungsreisenden John McDouall Stuart 1860 entdeckten Bach benannt, doch bis zur Errichtung der Overland Telegraph Line etwa zehn Jahre später herrschte in dieser isolierten Region kaum Verkehr. Der auf einer Ebene etwa zehn Kilometer südlich des Bachs gegründete Ort ist heute Zentrum einer großen Rinderzucht-Region. Die lange Geschichte des Abbaus von Gold, Silber und Kupfer dauert bis heute an. Inzwischen bildet der Tourismus eine weitere Einnahmequelle. Der von einem der wenigen Hügel aufgenommene Blick auf Tennant Creek* **(oben)** *zeigt die flache Gleichförmigkeit und die spärliche Vegetation dieses Teils des Northern Territory. Auf der allgegenwärtigen roten Erde des Outback gedeihen kaum mehr als robuste Gräser und Sträucher und vereinzelte Eukalyptusbäume.*

**Devil's Marbles**

*Die bizarren Devil's Marbles („Teufelsmurmeln") liegen 100 km südlich von Tennant Creek beidseits des Highways nach Alice Springs. Entstanden aus einer kompakten Granitmasse, die schätzungsweise 1,5 Milliarden Jahre lang der Erosion ausgesetzt war, ruhen die winzigen bis gewaltigen Felsblöcke in einem teils empfindlichen Gleichgewicht aufeinander. Die rundlich verwitterten Felsen gehören zur 1.800 ha großen Devil's Marbles Conservation Reserve, einem flachen Tal mit diversen Steinanhäufungen, die mit der für das Outback typischen, ausdauernden und anpassungsfähigen Vegetation durchsetzt sind.*

*Gleich den anderen berühmten Felsformationen der Mitte wie Uluru und Katatjuta scheinen auch die Marbles ihre Farbe im Lauf des Tages je nach Intensität und Strahlungswinkel des Sonnenlichts zu verändern. Als beste Zeit für das Betrachten und Ablichten dieser spektakulären Gebilde gilt die Abenddämmerung, deren Licht die Felsen in eine tiefrote Farbe taucht. Die Regenbogenschlange, von der diese „Eier“ oder „Murmeln“ stammen sollen* ***(unten rechts und links)****, gilt den Aborigines als einer jener Naturgeister, die einst den Kontinent durchstreiften und Flüsse, Bäche und Wasserlöcher schufen. Noch heute betrachten die australischen Ureinwohner diese Stätte als heilig.*

**Kings Canyon**

*Der Kings Canyon im Watarrka National Park und am westlichen Ende des relativ hohen Plateaus der George Gill Range liegt 345 km nördlich von Uluru und Katatjuta und besteht aus dem gleichen terrakottafarbenen Sandstein wie seine berühmteren Nachbarn. Neben dem herrlichen Cañon ist der Nationalpark berühmt für seine dauerhaft gefüllten Wasserlöcher – eine große Seltenheit in diesem extrem trockenen Teil Australiens –, die oft von Palmen, Palmfarnen, Farnkräutern und anderer üppiger Vegetation gesäumt sind. Der Sandstein des Cañons ist extrem anfällig für Erosion durch Wind und Wasser, so daß interessante Formen entstanden sind, die nicht minder faszinierend sind als die reiche Palette an Farbtönen – von Creme und Ocker über Braun bis Dunkelrot* ***(oben).***

*Im Gegensatz zu den bereits erwähnten, aus den Ebenen aufsteigenden Naturschönheiten tauchen die Steilwände des Kings Canyon ungefähr 300 m tief in das Tal hinab und bilden somit die tiefste Schlucht des Red Centre* ***(rechte Seite).*** *Der Nationalpark wurde erst in den 70er Jahren für Besucher geöffnet, die zwei Möglichkeiten haben: Ein Wanderweg im Tal bietet einen guten Blick auf die schroffen Felswände, während man vom Plateau aus den Cañon und die gesamte Umgebung buchstäblich zu Füßen liegen hat. Zu den weiteren Attraktionen des abwechslungsreichen Watarrka National Park zählen rote Sandhügel und die „Lost City" – eine Reihe von zu interessanten Formen verwitterten Sandsteingebilden, die Kuppelbauten ähneln.*

**Aborigines im Outback**

*Nachdem die Ankunft der europäischen Siedler vor etwa 200 Jahren für die Ureinwohner einen dramatischen Einschnitt bedeutete – viele wurden getötet, von ihrem angestammten Land vertrieben oder zur Anerkennung westlicher Wertvorstellungen gezwungen –, sind inzwischen zahlreiche Aborigines wieder zu einem traditionsorientierten Leben zurückgekehrt. Im hohen Norden und in den zentralen Wüsten des Northern Territory wurde den Ureinwohnern seit dem 1976 verabschiedeten Aboriginal Land Rights Act ein Großteil ihres Landes rückübereignet.*

*Speziell die Aborigines der Wüstenregionen führten 50.000 Jahre lang ein von den Jahreszeiten und der Verfügbarkeit von Nahrung und Wasser abhängiges Nomadenleben. Sie zogen stets weiter, wenn ein Wasserloch austrocknete und anderswo Früchte und Beeren oder reiche Wildbestände vorhanden waren. Auch wenn sie heute von der Unberechenbarkeit des Klimas und des Nahrungsangebots weniger abhängig sind und nicht auf einige moderne Annehmlichkeiten verzichten, folgen doch viele mittelaustralische Aborigines ihren altehrwürdigen Gebräuchen. Auch das Kunsthandwerk in Form von Rindenmalerei, Korbflechterei und Holzschnitzerei* **(linke Seite)** *lebte erneut auf, und zahlreiche schöne und einzigartige Stücke finden den Weg in die Galerien australischer Städte.*

*Die Raupen des Holzbohrers* **(oben)** *mögen auf Europäer nicht unbedingt appetitlich wirken, sind jedoch nur eine von zahlreichen Formen der Buschnahrung, die seit langem auf dem Speisezettel der Aborigines der zentralen Wüsten steht. Diese großen weißen Schmetterlings- oder Käferlarven werden in großer Zahl ausgegraben und gelten bei den Aborigines als wahrer Gaumenschmaus. Eine nicht minder heißbegehrte Buschkost sind Honigameisen, die ebenfalls (mit langen Stöcken) ausgegraben werden müssen, größere Echsen (Goannas), Schlangen, eßbare Beeren, Nüsse und die Samen zahlreicher Baum- und Straucharten sowie verschiedene Vögel. Die Jagd auf größere Tiere wie Känguruhs war strikt den Männern vorbehalten, während die Frauen traditionell für die Beschaffung von schätzungsweise bis zu sechzig Prozent der von der Gruppe benötigten Tagesration zuständig waren.*

*Überraschenderweise sind einige dieser exotischen Nahrungsmittel in den letzten Jahren selbst in den feinsten Stadt- und Hotelrestaurants sehr populär geworden. Auf vielen Speisekarten findet man nun interessante und auch schmackhafte Gerichte mit Krokodil-, Emu-, Känguruh- oder Büffelfleisch, mit Bunya-Nüssen, Wattle-Samen und heimischen Früchten als Zutaten, während Fisch (z. B. Barramundis) und Yabbies (Flußkrebse) seit langem bei allen Australiern beliebt sind.*

## Uluru (Ayers Rock)

*Praktisch in der Mitte Australiens gelegen, steigt Uluru unvermittelt aus der Ebene auf. Ebenso wie Katatjuta handelt es sich um die Spitze eines riesigen, 600 Millionen Jahre alten unterirdischen „Bergs" aus Sandstein. Der 348 m hohe Monolith besitzt einen Umfang von beachtlichen neun Kilometern. Angesichts seiner Ausmaße wirkt Uluru auch auf den westlichen Besucher ehrfurchtgebietend, doch für die Aborigines ist dieser Fels von großer spiritueller Bedeutung. Von einer Besteigung sollte man aus zwei Gründen Abstand nehmen: Der 1,6 km lange Aufstieg ist steil und riskant, und verständlicherweise sehen es die Aborigines nicht gern, daß Touristen auf einer ihrer heiligsten Stätten herumtrampeln.*

*Je nach Tageszeit scheint sich die Farbe der Sandsteinwände von Hellviolett, Rosa und Blau hin zu Braun, leuchtendem Rot und diesem warmen Orange zu verändern* ***(Mitte links)****.*

*Besucher können auf einer von Aborigines geführten Wanderung einen Teil des Sockels mit seinen Malereien und ungewöhnlichen Perspektiven erkunden.*

*Uluru liegt im zum Welterbe erklärten und unter der Obhut der ortsansässigen Aborigines stehenden Uluru-Katatjuta National Park und erscheint aus der Ferne betrachtet glattflächig. Bei näherem Hinsehen werden jedoch tiefe, im Lauf von Jahrmillionen entstandene Ablaufrinnen sichtbar* ***(rechte Seite)****.*

**Katatjuta (The Olgas)**

*Katatjuta, 50 km von Uluru entfernt, erhebt sich aus dem gleichen unterirdischen Sandsteinblock wie sein berühmterer Vetter, besteht jedoch aus einer Reihe kuppelförmiger Gebilde, die auf den ersten Blick weniger eindrucksvoll erscheinen. Doch mit dem Mount Olga sind die gefurchten, verwitterten Kuppeln 200 m höher als Uluru, und die zahlreichen Schluchten, Höhlungen und bizarren Formen üben keine geringere Faszination aus als Uluru selbst.*

*Katatjuta, für uns ein Gebilde aus 36 Kuppeln, bedeutet in der Sprache der Aborigines „viele Köpfe". Die steil aufragenden Felsen erstrecken sich über ein Areal von 3.500 ha, das sich zu erkunden lohnt: Hier leben 150 Vogelarten, Känguruhs und Großwarane (Perenties). Nach einem der im Red Centre meist nur alle paar Monate vorkommenden Regenfälle blühen zwischen den robusten Sträuchern und Gräsern weiße und gelbe Wildblumen.*

**Leben und Überleben in Zentralaustralien**

*Es gibt mehrere Gründe dafür, daß in der Mitte Australiens überhaupt Städte entstanden sind. Für Kalgoorlie* **(großes Foto oben)** *etwa war dies der „Big Strike“ von 1893 – ein Goldrausch, der Tausende von Schürfern in die trockene Region führte. Die Markisen an den Gebäuden dieser neu belebten Straße sind ein häufiger Anblick in den Städten des Outback. Sie reichen über den gesamten Gehweg, um Waren wie Passanten vor der unerbittlichen Sonne zu schützen.*

*Aufgrund der unglaublich großen Entfernungen zwischen den Städten bedeutet eine Tankstelle für den Langstreckenfahrer eine wahre Oase. Diese hier in Marree liegt bequemerweise am Kreuzungspunkt des Birdsville und des Oodnadatta Tracks* **(links)**.

*Viele winzige Outback-Siedlungen sind sogenannte „One Pub Towns“. Das dem Lake Eyre nächstgelegene William Creek* **(rechts)** *entstand im Zuge der Errichtung der Overland Telegraph Line.*

*Quorn entstand als wichtiger Knotenpunkt der Bahnlinien zwischen Perth, Broken Hill, Alice Springs und Adelaide. Heute kümmert sich eine Gesellschaft aus Eisenbahnfreunden um den Erhalt dieses schönen restaurierten Bahnhofsgebäudes und veranstaltet auch Sonderfahrten von Schmalspurbahnen. Als weltweit älteste intakte und noch betriebene Eisenbahnlinie gilt die der Beförderung von Erzen aus den nördlichen Minen dienende Strecke von Quorn nach Port Augusta.*

*Nach der Entdeckung von Kupfer- und Bleivorkommen wurden Sträflinge zum Aufbau von Northampton abgestellt, aus dem Mitte des 19. Jahrhunderts ein geschäftiges Versorgungszentrum für die Geraldine Mines wurde, das heute nur mehr die nahegelegenen Farmen bedient. Viele alte Gebäude wurden restauriert, so auch das Warribanno Chimney von 1851. Die breite Straße spiegelt die beschaulich-ländliche Atmosphäre zahlreicher Outback-Städte wider.*

**On the road**

*Die breite, unasphaltierte und 670 km lange Gibb River Road* ***(linke Seite)*** *durchschneidet eine ausgedehnte Hügelregion. Diese Straßen aus feinem, rotem Sand sind bisweilen die einzigen Wege, die zu den Distrikten im Landesinneren führen. Viele Straßen entstanden, als sich Siedler – den Routen der Pioniere folgend – ins Binnenland aufmachten, um dort große Farmen zu errichten. Aus diesen bescheidenen Anfängen wurden allmählich Lebensadern, die heute den gesamten Kontinent durchziehen.*

*Die weitläufigen Weidegründe des Outback sind meist nicht eingezäunt, weshalb man als Fahrer vor streunendem Vieh wie auch vor plötzlich auftauchenden Wildtieren auf der Hut sein muß. Eine weitere Gefahr sind die „Road Trains", Lastwagen mit mehreren Anhängern, die Unmengen von Staub aufwirbeln und mit Vieh und Versorgungsgütern zwischen den verstreuten Outback-Siedlungen und Großstädten pendeln. Wegen des Fehlens schiffbarer Flüsse und Kanäle und der Unmöglichkeit, jeden Ort an das Bahnnetz anzubinden, wurden die oft im Pulk fahrenden Road Trains in vielen Fällen zum einzig praktikablen Transportmittel. In den letzten hundert Jahren, vor allem aber seit dem Zweiten Weltkrieg, wird seitens der australischen Regierung viel für den Straßenbau, die Instandhaltung, die fortschreitende Asphaltierung und damit für die Verkehrssicherheit getan. Von dem schätzungsweise 800.000 km langen Netz der für den öffentlichen Verkehr zugelassenen Straßen sind nur knapp zwei Fünftel mit Bitumen, Beton, Kies oder anderen festen Fahrbahndecken versehen.*

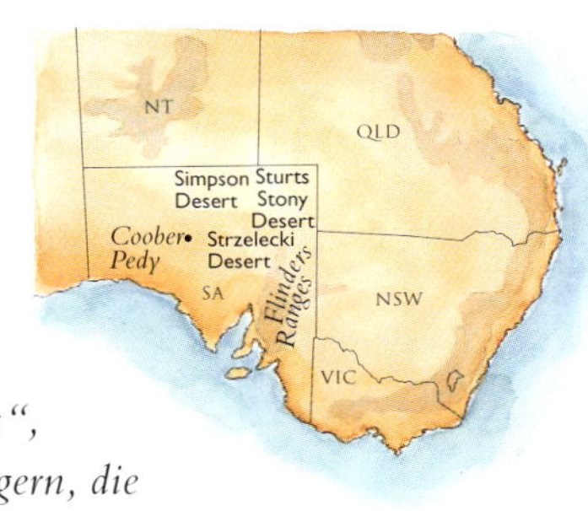

## Coober Pedy

*Für viele Bewohner der Opalsiedlung Coober Pedy führte die Flucht vor der Hitze zu ungewöhnlichen Lebensbedingungen: Mit Hacke und Schaufel schuf man sich Wohnhöhlen, die allerdings mit modernen Annehmlichkeiten ausgestattet sind und einen idealen Schutz vor den Außentemperaturen von oft mehr als 40 Grad bieten* **(oben)**. *Der dem Dialekt der Aborigines entlehnte Name ist durchaus passend, denn er bedeutet „Loch im Boden" oder – eher umgangssprachlich – „Erdloch der weißen Kerls".*

*Unzählige Abraumhalden verunstalten die Umgebung von Coober Pedy* **(rechts)**. *Opale hatte man in dieser Region zwar bereits 1911 entdeckt, doch erst in den 60er Jahren des 20. Jahrhunderts stieß man auf neue Adern, und hoffnungsvolle Glücksritter fanden sich zu Hunderten ein. Manche Opaladern liegen in 30 m Tiefe und werden mit Hilfe von Schächten, die in die Sandsteinschichten eingelassen werden, erreicht. Westlich des Lake Eyre und 931 km nordwestlich von Adelaide isoliert im ariden Zentrum von South Australia gelegen, war Coober Pedy wegen seiner Lage in den kargen Stuart-Bergen zunächst unter dem Namen Stuart Range Opal Field bekannt.*

*Coober Pedy verfügt über ein klimatisiertes Motel, Läden und andere Annehmlichkeiten, doch viele Schürfer und ihre Familien halten sich am liebsten unter Tage auf. Unter der roten Erde liegen zahlreiche gut ausgestattete Wohnungen und sogar Kirchen und Läden. Luft und etwas Tageslicht gelangen durch günstig plazierte Schächte nach unten. Die Einrichtungen der unterirdischen Behausungen* **(unten)** *zeugen vom Humor ihrer exzentrischen Bewohner und von der multikulturellen Vielfalt der Bevölkerung, die sich auch in dem breitgefächerten, jeden Geschmack bedienenden Sortiment der örtlichen Lebensmittelläden niederschlägt.*

**Wüstenvielfalt**

*Australiens Wüstenregionen sind zwar allesamt unwirtlich, präsentieren jedoch die unterschiedlichsten Bodenformen. So etwa besteht die Strzelecki Desert (South Australia) aus mit Geröll durchsetztem rotem Sand, auf dem dennoch Sträucher und Bäume gedeihen* **(oben)**.

*Ein Großteil der zentralen Wüsten besteht aus immensen, windgeformten Sandflächen. Die große Koonchera-Düne erglüht im goldenen Licht der Morgendämmerung* **(unten)**.

*Kennzeichen der mehr als 150.000 km² des Red Centre einnehmenden Simpson Desert sind die auf einer Länge von bis zu 200 km parallel verlaufenden Sanddünen. Selbst hier finden noch stattliche Bäume wie diese genügsame Akazie (Gidgee) ein Auskommen* **(links)**.

*Wenngleich nunmehr von Reifenspuren durchzogen, ist Sturts Stony Desert* **(unten)** *ebenso abweisend und öde wie damals, als die ersten, bald verzweifelnden Entdecker Mitte des 19. Jahrhunderts eine Durchquerung der durch Mineralien gefärbten Geröllebene wagten.*

## Die Flinders Ranges

*Die Flinders Ranges gehören zu den bedeutendsten Gebirgszügen Australiens. In der Umgebung der Siedlung Arkaroola liegt eine semiaride Landschaft, die mit einer Legende der Aborigines verbunden ist: Während sich die Traumzeit-Schlange Arkaroo dahinschlängelte, um aus einigen nahegelegenen Seen zu trinken, schuf sie Schluchten und Flußbetten. Obgleich es an Regen und fruchtbarem Boden mangelt, wachsen diese Grasbäume auf kaum mehr als nacktem Gestein* ***(links).*** *Es fällt schwer, sich vorzustellen, daß die Flinders Ranges – heute nicht mehr als eine Reihe schroffer Hügel – ehedem eine Gebirgskette vom Zuschnitt des Himalaja gewesen sind. Die einst luftigen Gipfel wurden Opfer der Jahrmillionen währenden Erosion, so daß der höchste Punkt nun nicht mehr als 1.200 m erreicht. Die roten Sandsteinfelsen der nördlichen Flinders Ranges* ***(rechte Seite)*** *enthalten Mineralien wie etwa Kupfererz, die im 19. Jahrhundert abgebaut wurden. Trotz aller Hitze, Isolation, Unwirtlichkeit und Entbehrungen gab es hier einst Minen, Schmelzen und Siedlungen, von deren Existenz zahlreiche Ruinen zeugen.*

*Die einstige Schaffarm Arkaroola ist heute ein privates Wildreservat. Naturfreunde kommen nach Arkaroola und in den benachbarten Gammon Ranges National Park wegen der Landschaft, der ausgezeichneten Wandermöglichkeiten und der Tiere wie Wallabys, Känguruhs, Emus und der interessanten Vogelwelt. In der Region befinden sich überdies zahlreiche Malereien, Felsgravuren und Begräbnisstätten der Aborigines. Die Aufnahme unten zeigt einige typische Landschaftselemente: Grasbäume, kahle Gipfel und die semiariden Ebenen.*

**Leben und Freizeit im Outback**

*Seit der ab etwa 1870 einsetzenden Besiedlung hat das Outback einen bemerkenswert abgehärteten Menschenschlag hervorgebracht. Trotz allen modernen Komforts müssen diese Menschen noch heute mit Abgeschiedenheit, Hitze, Wassermangel und Entbehrungen fertig werden, die sich die meisten Städter nicht einmal vorstellen können. Im Outback entstand der Typus des rauhen, schweigsamen, doch humorvollen „Buschmanns", auch wenn die Mehrzahl der Australier in den Küstenstädten heimisch ist. Sinnbild dieser Tradition sind die australischen „Cowboys" – Männer und Frauen, die ganze Tage im Sattel verbringen.*

*Die winzige Outback-Siedlung Innamincka (South Australia) kann auf eine ereignisreiche Geschichte zurückblicken. Männer wie Charles Sturt erforschten die äußerst entlegene Region ab 1840, und Kenner denken sogleich an die Burke-Wills-Expedition von 1860/61, bei der beide Expeditionsleiter den Tod fanden. Innamincka ist außerdem seit langem der Rinderzucht verbunden und wurde im 19. Jahrhundert zu einem wichtigen Sammelpunkt für den Viehtrieb von Queensland zu den Märkten von Adelaide. An dieser Tradition hat sich bis heute nichts geändert, so daß in der Region robuste Rinder und nicht minder abgehärtete Viehtreiber heimisch sind.*

*Birdsville in Queensland ist mittlerweile eine Legende. Die im wüstennahen Channel Country mit seinen periodischen Flüssen und Seen gelegene Stadt begann als Außenposten des Birdsville Track, einer berühmten Viehtrieb-Route. Zu den allenfalls in die Hunderte gehenden Einwohnern stoßen anläßlich der alljährlichen Birdsville Races bis zu 5.000 Besucher hinzu. Nachdem die Pferde den graslosen Parcours absolviert haben, versammeln sich Einheimische wie Gäste zu einem feucht-fröhlichen Umtrunk im einzigen Pub.*

## Carnarvon Gorge

***Vorhergehende Doppelseite:*** *Obwohl weit im Landesinneren gelegen, gehört die 30 km lange Carnarvon Gorge im Outback von Queensland noch zur großteils viel weiter östlich verlaufenden Great Dividing Range. Die im malerischen Carnarvon National Park befindliche Schlucht mit ihren 200 m hohen Steilwänden aus hellem Sandstein und das dichtbewaldete Tal beherbergen eine phantastische Vielfalt an Wildtieren wie Graue Riesenkänguruhs, verschiedene Arten von Wallabys, Schnabeltiere, Schlangen, Wasserdrachen und zahlreiche Vogelarten. Trotz der Lage in einer sehr trockenen Plateauregion gedeiht in der von einem Bach durchzogenen Schlucht eine außerordentlich üppige Vegetation, bestehend aus Livistona, Baum- und Palmfarnen sowie Moosen und Farnkräutern. Im Nationalpark befinden sich mehr als fünfzig Kunststätten der Aborigines – zumeist Aufstäubungen (Schablonenzeichnungen) von Händen, Füßen und Bumerangs, daneben auch Malereien und Sandstein-Gravuren.*

## Mootwingee National Park

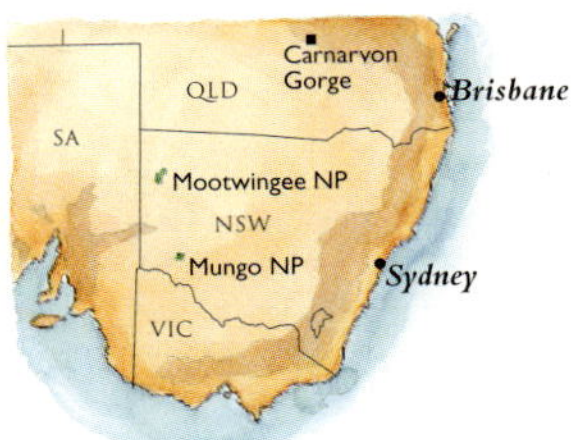


*Der im äußersten Westen von New South Wales gelegene Mootwingee National Park verfügt über besonders reiche Zeugnisse der Geschichte und Kultur der Ureinwohner – zahlreiche alte Kunstwerke wie diese Handaufstäubungen zieren die Sandsteinwände* ***(oben).*** *Charakteristisch für das unwegsame Gelände* ***(rechte Seite)*** *sind enge Schluchten, weite Flächen aus braunem Sandstein und robuste Pflanzen wie River Red Gums (Eucalyptus camaldulensis), Mulga-Bäume und Cypress Pines (Callitris).*

*Die Felsüberhänge und periodischen Wasserlöcher der Region wurden früher von den Aborigines regelmäßig aufgesucht. Von ihrer langen Anwesenheit zeugen über 300 Felskunst-Stätten. Diese Petroglyphe zeigt ein stark stilisiertes, dennoch erkennbares Känguruh* ***(unten).***

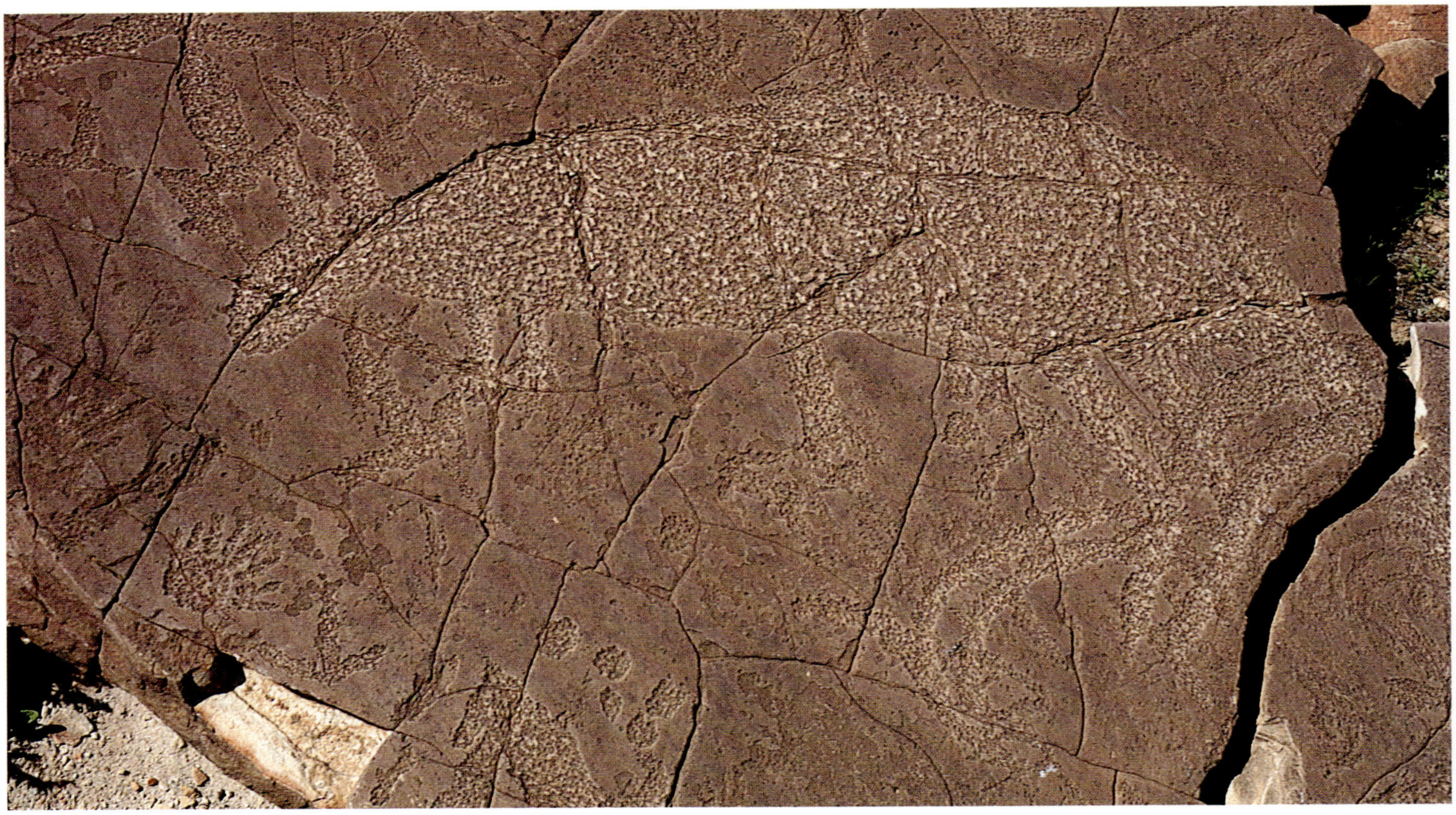

**Mungo National Park**

*Wo sich bis vor 15.000 Jahren einige Süßwasserseen erstreckten, liegt heute der Mungo National Park mit seinen immensen trockenen Sandflächen. Der Nationalpark gehört zur Region Willandra Lakes, die aufgrund ihrer Geographie und der unvorstellbar weit zurückreichenden Besiedlung durch Aborigines als Welterbe eingestuft ist. International als archäologisch bedeutend anerkannt, fanden sich dort die weltälteste Einäscherungsstätte und stattliche 40.000 Jahre alte Skelett- und Werkzeugreste. Trotz der abgeschiedenen Lage im Südwesten von New South Wales und der nach Regenfällen unbefahrbaren Zufahrtsstraße hat der Park alljährlich etwa 12.000 faszinierte Besucher zu verzeichnen.*

*Geologisches Highlight des Parks sind die 25 km langen „Walls of China", eine halbmondförmige Dünenkette am Nord- und Ostufer des Lake Mungo* **(links)***. Die aus dem Sand und Ton des ausgetrockneten Seegrundes bestehenden „Mauern" entstanden durch den Westwind, der die Ablagerungen zusammenwehte. Das Material verfestigte sich und präsentiert nun seine mehrfarbigen Schichten, die im Laufe gewaltiger Zeiträume durch Wind und Wasser geformt wurden. Die Säulen und Rinnen mit ihren merkwürdige Formen haben indes weit mehr als nur ästhetischen Wert, denn die Schichten aus Ton und Sand bilden eine Art Klimaprotokoll, das auf das Interesse internationaler Archäologenkreise stieß, da es den Übergang vom feuchten zum trockenen Klima aufgezeichnet hat, somit auch die 15.000 bis 30.000 Jahre währende Periode, als der See tatsächlich mit Wasser gefüllt war.*

# *Der* SÜDEN

## SCHROFFE KLIPPEN, GEMÄSSIGTES KLIMA

Australiens kühler, feuchter Süden – dazu zählen Victoria, Tasmanien und ein kleiner Teil von South Australia – steht in auffälligem Kontrast zu den nördlicheren Regionen des Kontinents. Das weitaus gemäßigtere Klima wird von den kühlen Brisen des Südaustralischen Beckens und sogar von kalten antarktischen Winden beeinflußt, was im Winter zu Schneefall in den Höhenlagen führt. Die äußerst abwechslungsreiche Landschaft umfaßt Wälder, Seen, Dünen und überraschend kühle Bergregionen.

Das Hochland im Nordosten von Victoria bildet die Spitze der sich am Ostrand des Kontinents herabschlängelnden Great Dividing Range. Der 6.500 km² große Alpine National Park nimmt einen Großteil der von Juni bis September schneebedeckten und bei Skifahrern beliebten Region ein. Auf seinem Gelände erheben sich der mit 1.986 m für australische Verhältnisse stattliche Mount Bogong (der höchste Gipfel von Victoria), Mount Buller und Mount Hotham; außerdem zeichnet sich der Park durch Hochebenen und eine alpine Vegetation mit zahlreichen Wildblumen und Snowgums aus. Die Tierwelt ist mit einem besonderen, alpinen Beuteltier vertreten, der seltenen Gebirgs-Zwergbeutelmaus.

Das Hochland, einst eine wichtige Nahrungsquelle der Aborigines, dient heute – abgesehen von der touristischen Nutzung – hauptsächlich als Sommerweideland. Das Granitplateau des weiter südlich gelegenen Baw Baw National Park mit seinen subalpinen Pflanzen und lichten Wäldern ist der Lebensraum des gefährdeten Hörnchen-Kletterbeutlers. Westlich davon verkörpern die Grampians ein bedeutendes Aboriginal- und Naturreservat. Zahlreiche Malereien zieren die Höhlen und Felsüberhänge.

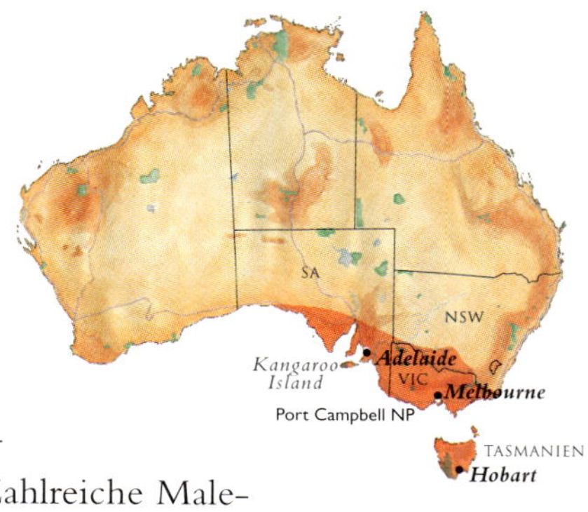


Einigen der beeindruckendsten Berglandschaften Australiens begegnet man in Tasmanien. Bis zu den Erkundungsfahrten der Seefahrer George Bass und Matthew Flinders im Jahr 1798 galt Tasmanien, das damalige Van-Diemen's-Land, als Teil des Festlands. Den Stürmen und aufgewühlten Gewässern der Bass-Straße fielen zahlreiche Schiffe zum Opfer. Neben Robben und Walen begegnet man der seltenen Hühnergans auf King und Flinders Island, auf denen auch Sturmtaucher *(Muttonbirds)* nisten.

Hobart, die Hauptstadt Tasmaniens, wurde nach ihrer Gründung im Jahre 1804 zur dritten größeren Siedlung der Nation. Die Stadt war ursprünglich ebenso eine Sträflingskolonie wie Port Arthur, das 1830 folgte und dank seiner Lage auf der damals noch entlegenen Tasman Peninsula mit ihren schroffen Küsten und der schmalen Zufahrt besonders für diesen Zweck geeignet war. Die europäische Besiedlung Tasmaniens ist eines der schwärzesten Kapitel in der Geschichte des Landes. Die eingeborene Bevölkerung wurde Opfer massiver Gewalttaten, bis man 1833 das letzte Grüppchen Aborigines auf Flinders Island verbannte. Zehn Jahre später waren nur noch wenige übriggeblieben.

*Die malerischste Straße von ganz Australien ist die 300 km lange und 1932 fertiggestellte, küstennahe Great Ocean Road (Victoria) zwischen Torquay und Port Fairy. Immer wieder eröffnen sich spektakuläre Ausblicke auf die Steilküste und das Meer. Highlight sind die Twelve Apostles („Zwölf Apostel"), durch Erosion vom Festland abgetrennte Felsnadeln aus Kalkstein* ***(linke Seite).***

***Vorhergehende Doppelseite:*** *Landschaft und Klima des Inselkontinents sind abwechslungsreicher, als es der üblichen Vorstellung von Australien als dem Land der Wüsten, Tropen und Küsten entspricht. Die Gipfel der Great Dividing Range erreichen im Südosten Höhen von über 2.000 m und sind aufgrund des kühlen Winterklimas alljährlich mehrere Monate schneebedeckt – so etwa im Alpine National Park (Victoria).*

*Kangaroo Island (South Australia) ist berühmt für seine schroffen Küsten und verwitterten Granitfelsen. Die Remarkable Rocks an der windgepeitschten Südküste fallen durch ihre glatte Oberfläche auf* **(oben)**.

*Der Beutelteufel ist das bekannteste fleischfressende Beuteltier Australiens. Das nur in Tasmanien vorkommende, bis zu 60 cm lange Tier besitzt scharfe Krallen und Zähne* **(unten Mitte)**.

*Der in einem der Krater eines seit langem erloschenen Vulkans nahe Mount Gambier (South Australia) gelegene und meist graue Blue Lake* **(oben)** *nimmt rätselhafterweise alljährlich für wenige Monate eine leuchtend blaue Farbe an.*

*Lake Bonney* **(rechte Seite)** *war 1964 Schauplatz eines gescheiterten Versuchs, einen neuen Geschwindigkeitsrekord für Wasserfahrzeuge aufzustellen: Donald Campbell erreichte damals „nur" 347,5 km/h.*

Tasmanien besitzt eine der spektakulärsten Naturlandschaften von ganz Australien. Die im Süden und Westen gelegenen Nationalparks Cradle Mountain-Lake St Clair, Franklin-Gordon Wild Rivers und South West bilden eine 1,4 Millionen Hektar große Welterbe-Region. Diese gemäßigt-kühle Wildnis besteht aus Seen, Flüssen, Mooren, einer prächtigen Küste, schroffen Gipfeln – wie Mount Ossa, dem mit 1.617 m höchsten Punkt Tasmaniens, und Frenchmans Cap – und einer bemerkenswerten Vegetation aus alpinen Pflanzen und Gräsern, *Snowgums,* Wildblumen, Schraubenpalmen, *Button Grass* (Dactyloctenium radulans) und gemäßigtem Regenwald.

In einem Großteil der südlichen Region wachsen noch die berühmten tasmanischen Baumriesen wie Südbuche, Königseukalyptus und *Huon Pine* (Dacrydium franklinii). Die nicht minder reiche Fauna besteht aus Schnabeltieren, Wombats, Wallabys und einigen nur in Tasmanien vorkommenden Tieren. Der gestreifte Beutelwolf („Tasmanischer Tiger") ist vermutlich ausgestorben, doch der Beutelteufel (ebenfalls ein Fleischfresser) ist noch stark verbreitet.

Weitere bemerkenswerte Naturlandschaften Tasmaniens sind der für seine weißen Sandstrände und die ins Meer hineinragenden Granitfelsen bekannte Freycinet National Park an der Ostküste und das bewaldete Plateau des Mount Field National Park, ein beliebtes Skigebiet. Zwar hinterließ der Mensch im wilden Hochland Tasmaniens vergleichsweise weniger Spuren als in vielen anderen Teilen Australiens, doch der Abbau von Zinn, Kupfer und Zink sowie Rodungen zur Gewinnung von Weideland für Schafe und Rinder haben in dieser ganz besonderen Umwelt unweigerlich tiefe Narben hinterlassen.

Phillip Island vor der Küste von Victoria ist die Heimat von Känguruhs, Seebären und Seevögeln wie Pelikanen und Sturmtauchern. In dieses Schutzgebiet wurden kürzlich auch Koalas ausgewildert. Auf die ursprünglich hier lebenden Aborigines folgten Anfang des 19. Jahrhunderts Robben- und Walfänger. Heute finden sich scharenweise Touristen ein, um die nächtliche Parade der Zwergpinguine vom Meer zu ihren Schlafplätzen zu beobachten.

Ungeachtet der hohen Bevölkerungsdichte verfügt die Südküste des australischen Festlands über zahlreiche unversehrte Naturschönheiten. Im äußersten Osten etwa liegen die Seen, Inseln, Wälder und Dünen des Croajingolong National Park und die Gippsland Lakes – ein Labyrinth aus Wasserläufen und Sandküste. Seen und Dünen dominieren auch im Coorong National Park (South Australia) mit seiner schmalen, dafür 145 km langen Lagune und der Younghusband Peninsula. Hier leben rund vierhundert Vogelarten, darunter Kormorane, Ibisse und eine große Kolonie von Pelikanen.

Neben dem Coorong National Park liegen Lake Alexandrina und Lake Albert, wo der von den Snowy Mountains in New

*Adelaide, die attraktive Hauptstadt von South Australia, zeichnet sich dadurch aus, daß sie seit ihren Anfängen im Jahr 1836 sorgfältig geplant wurde. Die von Parkland umgebene und vom River Torrens durchschnittene Stadt mit ihren schachbrettartig angelegten Hauptstraßen entstand nach Plänen des Obersten Landvermessers Colonel William Light. Die eine Million Einwohner kommen in den Genuß eines mediterranen Klimas und einer relativ beschaulichen Lebensweise. Das Foto zeigt links St. Peters Cathedral (1869) und rechts das Cricketstadion Adelaide Oval sowie weiter hinten das Adelaide Festival Centre – alle zwei Jahre Schauplatz des international renommierten Arts Festival. Im Hintergrund erstrecken sich die kühlen, bewaldeten Adelaide Hills mit Buschland, Gärten und ihrem deutschen Kulturerbe.*

South Wales kommende Murray – mit 2.500 km der längste Fluß Australiens – ins Meer mündet. Der Murray markiert einen Großteil der Grenze zwischen New South Wales und Victoria und ließ im 19. Jahrhundert Flußsiedlungen wie Echuca, Swan Hill und Mildura entstehen. Schaufelraddampfer verkehren dort weiterhin und bieten eine idyllische Möglichkeit, die Region mit ihrer reichen Vogelwelt und die von prächtigen *River Red Gums* bewachsenen Ufer kennenzulernen. Der Murray hält in der Nähe von Renmark Einzug nach South Australia, einem Anbaugebiet für Weinbau und Zitrusfrüchte. Große Flächen des sonst ausgedörrten Bodens werden seit Ende des 19. Jahrhunderts bewässert, doch die zunehmende Versalzung führte zu gravierenden Umweltproblemen. Im Riverland lebten einst große Aboriginal-Gemeinschaften, deren lange Anwesenheit durch Muschelhaufen, Artefakte und Begräbnisstätten bezeugt ist.

Das vor der Küste von South Australia gelegene Kangaroo Island, mit einer Länge von 145 km und einer Breite von 60 km die zweitgrößte Insel Australiens, besitzt einen wirklich passenden Namen, denn vor allem der Flinders Chase National Park ist eine bemerkenswerte Schutzzone vor allem für Känguruhs und Derbykänguruhs, aber auch für Ameisenigel, Australische Seebären, Albatrosse und Zwergpinguine. Große Bedeutung hat die Insel für ihre Kolonie der seltenen Australischen Seelöwen. Auch die Flora ist mit mehr als fünfzig Orchideenarten, weitem Heideland und Eukalyptuswäldern recht außergewöhnlich. Kangaroo Island glänzt mit Granitklippen, bizarren Felsen und Kalksteinhöhlen und ist auch historisch von Bedeutung, denn die Stadt Kingscote war die erste offizielle Siedlung in South Australia.

Einer faszinierenden Küstenlandschaft begegnet man im Wilsons Promontory National Park (Victoria) auf einer Halbinsel aus zerklüftetem Granit, die den südlichsten Punkt des Festlands bildet, und bei den Klippen und außergewöhnlichen, vorgelagerten Kalksteinformationen der weiter westlich gelegenen Region Port Campbell – von Wind und Wellen zernagte, einst zum Festland gehörende Gebilde mit so anschaulichen Namen wie Twelve Apostles oder London Bridge. Dieser spektakuläre, doch für Schiffe gefährliche Küstenstreifen („Shipwreck Coast") ist auch eine Niststätte für Sturmtaucher. In den feuchten, bewaldeten Otway Ranges gedeihen Baumfarne und leben Schnabeltiere und Ringelschwanz-Kletterbeutler. Noch weiter im Westen liegen die Städte und Fischereizentren Warrnambool, Port Fairy und Portland (in den 30er Jahren des 19. Jahrhunderts eine Robbenfangstation).

In South Australia windet sich die Küstenlinie von dem von Langustenfischerei bestimmten Robe über die Younghusband Peninsula und den Coorong National Park bis zur Fleurieu

Peninsula. Die mit Klippen und Stränden übersäte Halbinsel, ehemals Jagd- und Siedlungsgrund der Aborigines, ist heute eine beliebte Ferienregion mit kleinen Städten, Weingütern und Naturreservaten.

Der benachbarte St.-Vincent-Golf bildete ab 1836 für die europäischen Siedler die Eingangspforte nach Adelaide. Von den sanft geschwungenen Adelaide Hills und dem Golf umgeben, ist Adelaide die vielleicht attraktivste aller australischen Hauptstädte. Knapp über eine Million Einwohner leben in dieser multikulturellen Stadt, die inzwischen als bedeutendes Kunstzentrum gilt.

Westlich von Adelaide und jenseits des St.-Vincent-Golfs liegt die Yorke Peninsula, deren reiche Kupfervorkommen einst intensiv abgebaut wurden. Heute ist die Region eher für ihre Feldfrüchte bekannt, ebenso wie die Eyre Peninsula jenseits eines Meeresarms des Spencer-Golfs und die an der Ostküste der Halbinsel gelegenen Industriestädte Port Pirie, Port Augusta und Whyalla. Bedeutendster Heimathafen der großen Fischereiflotte ist Port Lincoln. In den Küstengewässern tummeln sich Delphine, Seelöwen, Hühnergänse und der gefürchtete weiße Hai. Einige der bedeutendsten australischen Weinbaugebiete liegen in South Australia. In dem von einer lieblichen Hügellandschaft bestimmten und ursprünglich von deutschen Auswanderern besiedelten Barossa Valley sowie im nahegelegenen Clare Valley werden einige erlesene Weine angebaut.

Der entlegene Nuyts Archipelago wurde 1627 erstmals von Pieter Nuijts kartographiert und gilt als Vorbild für Jonathan Swifts Zwergenland Liliput aus *Gullivers Reisen*. Ganz anders gestaltet sich die jenseitige Küstenlinie mit ihren schroffen Nullarbor-Klippen, Ausgangspunkt der sich schier endlos nach Westen erstreckenden, kargen Nullarbor-Ebene. Nördlich davon liegen die nur von vereinzelten Aboriginal-Gemeinschaften bewohnten Wüsten von South Australia.

Der Südosten des Bundesstaates bietet einige alte Sehenswürdigkeiten wie Mount Gambier mit seinen Kalksteinhöhlen und Vulkanseen, so etwa der berühmte Blue Lake (im größten der vier Krater) und die Victoria Fossil Cave bei Naracoorte. In dieser erst vor kurzem als Welterbe eingestuften Höhle stieß man 1969 auf die Knochen prähistorischer Tiere; heute gilt sie als eine der weltweit bedeutendsten Fundstätten.

*Melbourne, mit über drei Millionen Einwohnern die zweitgrößte Stadt Australiens, wurde erst in den 30er Jahren des 19. Jahrhunderts (lange nach Sydney) gegründet. Dieser späte Start verhinderte nicht den erbitterten Wettstreit mit der nördlichen Rivalin um den Titel der „ersten Stadt", von dem in Melbourne noch heute viele stattliche Gebäude aus der zweiten Hälfte des 19. Jahrhunderts zeugen. Die Luftaufnahme* **(links)** *zeigt den Yarra River, die Royal Botanic Gardens mit dem Government House und die Wolkenkratzer der City. Die obige Nahansicht entstand am Südufer des Flusses.*

Vor der Erkundung des Binnenlands ab etwa 1830 gelangte man nur auf dem Seeweg nach Südaustralien. So wurde Melbourne 1835 von Pionieren gegründet, die von Tasmanien aus herübergesegelt waren. Das neben dem Yarra River an der großen Port Phillip Bay gelegene, multikulturelle Melbourne mit seinen mehr als drei Millionen Einwohnern ist die europäischste der australischen Hauptstädte, die zudem – untypisch für eine Großstadt – einige kostbare Naturlandschaften in unmittelbarer Nähe aufzuweisen hat: so zum Beispiel die Dandenong Ranges mit ihren Eukalyptuswaldungen, Farnschluchten, Orchideen und Leierschwänzen.

Die dichtbesiedelte Binnenregion von Victoria besteht zu einem großen Teil aus fruchtbarem Ackerland, im äußersten Nordwesten jedoch aus Halbwüste mit den ausgetrockneten Seen und buschreichen Mallee-Wäldern (Heimat des seltenen Thermometerhuhns) des Wyperfeld National Park. An Bodenschätzen finden sich Kohle im Latrobe Valley sowie Öl und Gas in der Bass-Straße. Mitte des 19. Jahrhunderts war man nordwestlich von Melbourne auf Gold gestoßen. Von dem Boom, der damals ganz Victoria erfaßte, der Region außerordentlichen Wohlstand bescherte und Melbourne zu einer festen Größe machte, zeugen heute noch zahlreiche Prachtbauten in Ballarat und Bendigo.

## Croajingolong National Park

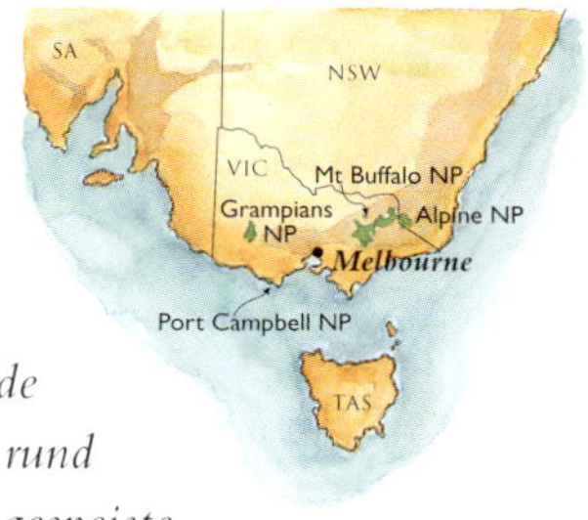


*Der in Victoria gelegene, 86.000 ha große Croajingolong National Park dient der Bewahrung einer sehenswerten Küstenregion aus Flüssen, Seen, Wäldern, Inseln, Stränden und Sanddünen. Hier gibt es einige größere Strände sowie einen tiefen Meeresarm – das von rund einem Dutzend Flüssen und Strömen gespeiste Mallacoota Inlet. Die links abgebildeten Dünen befinden sich in der Nähe von Point Hicks, das einen solarbetriebenen Leuchtturm und einen Obelisken besitzt, der an Captain Cooks erste Sichtung Australiens im April 1770 an Bord der „Endeavour" erinnert. Der Name Croajingolong bedeutet in der Sprache der Aborigines „ostwärts blickend" oder „gen Osten".*

*Der abwechslungsreiche Nationalpark verläuft rund 100 km entlang eines entlegenen Küstenstreifens von Victoria. Neben den Sandstränden und dem großen, weitgehend von Treibholz und abgestorbenen Bäumen übersäten Dünensystem* **(unten)** *fällt die Pflanzenvielfalt auf. Die Flußufer sind mit dichten Wäldern etwa aus Swamp Paperbarks (Melaleuca) bestanden, die Regenwaldschluchten dagegen mit Farnen, Orchideen und exotischen Bäumen. Der Nationalpark beherbergt rund ein Drittel der australischen Vogelarten – Pelikane, Trauerschwäne, Seeadler und Kormorane findet man in der Nachbarschaft des Mallacoota Inlet und der Seen, während die Eukalyptuswälder von Kookaburras, Leierschwänzen und Schwarzkopf-Wippflötern (Psophodes olivaceus) bevölkert werden.*

**Mount Buffalo National Park**

*Der 31.000 ha große Mount Buffalo National Park im Nordosten von Victoria wurde bereits 1898 eingerichtet, um eine überaus zerklüftete, zur Great Dividing Range gehörende Bergregion zu schützen. Mount Buffalo selbst besteht aus einem 35 km² großen, spärlich bewachsenen Granitplateau. Der mit 1.723 m höchste Punkt ist eine unter dem Namen The Horn bekannte Felspyramide, deren untere Hanglagen dicht mit Eukalyptus- und Wattle-Bäumen bewaldet sind. Die Forscher Hume und Hovell, die 1824 auch diese Region durchquerten, gaben dem Berg wegen seiner büffelartig gekrümmten Form diesen Namen. Der Nationalpark ist berühmt für seine spektakulären Ausblicke – wie hier am frühen Morgen auf The Gorge, einen verwitterten Granitblock* **(oben)***. Seine 300 m hohen Wände sind oftmals mit erfahrenen Kletterern übersät, während sich den weniger Abenteuerlustigen von oben aus ein prächtiger Rundblick darbietet.*

*Nicht-Australier staunen oft nicht schlecht, wenn sie erfahren, daß Skifahren im Südosten des Kontinents – vornehmlich in den Monaten Juni bis September – eine der beliebtesten winterlichen Freizeitaktivitäten darstellt. Im Hochland des südlichen New South Wales, Tasmaniens und hier in den Australischen Alpen* **(rechte Seite)** *gibt es Pisten, Skilifte und Unterkünfte sowie einige exzellente Loipen durch völlig unbewohntes Gebiet.*

*Das Skifahren ist seit dem 19. Jahrhundert in Australien populär, und man rühmt sich des weltweit ersten, angeblich 1870 in der Ortschaft Kiandra (New South Wales) gegründeten Skiklubs. Der erste Skilift jedenfalls wurde nach 1940 am Mount Buffalo eröffnet, der aufgrund der vergleichsweise leichten Abfahrten und guter Einrichtungen bei Anfängern und Familien populär ist – speziell bei den Einwohnern des nur drei Autostunden entfernten Melbourne.*

**Alpine National Park**

*Der im Süden und Osten von Mount Buffalo gelegene Alpine National Park nimmt mit 646.000 ha einen ansehnlichen Teil des östlichen Victoria ein und ist damit das größte Reservat dieses Bundesstaates. Die Region mit ihren hohen Gipfeln und einer beeindruckenden Gebirgsszenerie wird nur selten von Wanderern und Kletterern aufgesucht, am ehesten noch von Skifahrern. Vor langer Zeit war dies eine bedeutende „Vorratskammer" und Zeremonialstätte der Aborigines, die hier vor allem wegen der allsommerlich zu Millionen auftretenden Bogong-Motten zusammenkamen.*

*Der Alpine National Park umfaßt Mount Bogong (mit 1.986 m der höchste Berg Victorias) und weitere höhere Berge wie Mount Buller und Mount Hotham. Diese Höhen nehmen sich recht bescheiden aus, doch als flachster aller Kontinente besitzt Australien eine höchste Erhebung von lediglich knapp über 2.220 m. Die Gipfel und Hochplateaus von Victoria sind jedes Jahr mehrere Monate lang schneebedeckt, und andere Pflanzen als Heide, Gräser und Bäume wie dieser außerordentlich robuste, wenn auch vom Wind zerzauste Snowgum (oben) vermögen hier kaum zu überleben.*

*In den wärmeren Monaten und vor allem im Sommer nimmt der Alpine National Park eine gänzlich andere Gestalt an, denn gleich nach der Schneeschmelze werden die Hochebenen – wie bereits seit Mitte des 19. Jahrhunderts – zum Weidegrund für Rinder. An dieser Tradition änderte auch die Tatsache nichts, daß das Weideland zum großen Teil im heutigen Nationalpark liegt. Im Frühling und Frühsommer sind die Ebenen und die von Eukalypten bestandenen unteren Hänge mit bunten Wildblumen übersät. Zu den hier heimischen Wildtieren zählt auch die seltene und gefährdete Gebirgs-Zwergbeutelmaus. Das possierliche, nur zehn bis zwölf Zentimeter lange und gut an das Leben oberhalb der Schneegrenze angepaßte Tierchen findet sich nur in der Umgebung von Mount Hotham und einigen kleinen isolierten Habitaten innerhalb der Australischen Alpen.*

*Der 1989 aus drei bereits existierenden Schutzgebieten zusammengefügte Alpine National Park umfaßt Teile des wilden Tals des Snowy River und des Oberlaufs des Murray, Australiens längstem Fluß. Hier sind ebenfalls einige seltene oder gefährdete Tierarten sowie einige endemische Pflanzen heimisch.*

## Dandenong Ranges National Park

*Eines der beliebtesten Naherholungsgebiete der Melbourner sind die nur 50 km östlich der Stadt gelegenen Dandenong Ranges mit ihren Hügeln, Eukalyptuswäldern und mit Orchideen gefüllten Schluchten. Diese imposanten, 90 m hohen Königseukalypten* ***(oben)*** *wurden im Sherbrooke Forest fotografiert, der zum Dandenong Ranges National Park gehört. Der auch als „Bergesche" bezeichnete Baum ist der Höhenweltmeister unter den Hartgehölzen.*

*Der Nationalpark umfaßt drei prächtige Waldregionen – die älteste ist der Ferntree Gully Park –, die in den Genuß hoher Regenmengen kommen. Der Ferntree Gully Park mit seinen Wäldern aus Baumfarnen und Moosen kontrastiert mit den sonst vorherrschenden mächtigen Eukalypten, Australischem Sassafras und Myrtle Beech Trees (Nothofagus). Weitere Highlights der Dandenong Ranges sind die Ausblicke von Mount Dandenong und die historische Dampflok „Puffing Billy", die sich auf einer 13 km langen Strecke durch den Wald schlängelt. Viele private Gärten, so auch der rechts abgebildete, sind öffentlich zugänglich.*

*In der für ihre Parks und Gärten berühmten Region befindet sich auch das Rhododendron-, Kamelien- und Azaleenreservat von Olinda mit seinen englischen Gärten, importierten Pflanzen und dem für Australien recht untypischen bunten Herbstlaub* ***(unten)****.*

## Grampians (Gariwerd) National Park

*Der inzwischen durch seinen Aboriginal-Namen ergänzte Grampians (Gariwerd) National Park umfaßt die westlichen Ausläufer der Great Dividing Range, vor allem die Gipfel und Kämme der Grampian Mountains mit ihren Steilabbrüchen und Felswänden. Die 1984 als Nationalpark ausgewiesene Region ist ein Paradies für Wanderer, Kletterer und – mit über zweihundert Arten – für Vogelfreunde. Die Aufnahme oben entstand auf dem Mount William, der mit 1.170 m höchsten Erhebung im Nationalpark. Auf dem Gipfel steht ein Denkmal für Sir Thomas Mitchell, der das Gebiet 1836 erkundete und nach der Bergregion seiner schottischen Heimat benannte.*

*Der Nationalpark ist bekannt für seine Felsüberhänge und -formationen, wie etwa für diesen Felsvorsprung namens The Balconies* ***(linke Seite).*** *Lange Zeit lebten Aborigines in der Region, und der Park kann mit insgesamt 4.000 Felsmalereien aufwarten – meist aus rotem Ocker angefertigt und Tiere, strichmännchenartige Figuren und Handaufstäubungen darstellend. Das nahe der größten Ortschaft Halls Gap gelegene Brambuk Living Cultural Centre vermittelt einen Einblick in Geschichte und Kultur der hier lebenden Koori.*

*Flora und Fauna der Grampians sind berühmt, vor allem die Wildblumen im Frühling – rosafarbene Australheide (das Blumenemblem von Victoria), Orchideen und eine endemische Strauchart erzeugen von Juni bis November eine wahre Farbenpracht* ***(kleines Foto rechts).*** *Neben Koalas und Kängurus lebt hier auch die seltene Smoky Mouse (Pseudomys fumeus).*

## Port Campbell National Park

***Nachfolgende Doppelseite:*** *Der Port Campbell National Park erstreckt sich entlang des wilden, von Wellen gepeitschten Küstenstreifens im Südwesten von Victoria und gehört zu den beeindruckendsten Küstenregionen ganz Australiens. Nichts hält die tosenden Wellen und steifen Winde aus der frostigen Antarktis auf, und die unablässige Verwitterung der fragilen Kalksteinfelsen ließ einige schroffe Klippen und vorgelagerte Felsnadeln entstehen – mit klangvollen Namen wie Island Arch, Loch Ard Gorge, Twelve Apostles und London Bridge. An der ansonsten tückischen Küste bildet nur Port Campbell eine friedliche, kleine Bucht, in der man gefahrlos baden und Boot fahren kann.*

**Tasman Peninsula**

*Der Freycinet National Park an der Ostküste Tasmaniens besticht durch seine schroffen Klippen, Landzungen, Brandungswellen und einladenden weißen Sandstrände. Die rötlichen Granitfelsen dieser Halbinsel wurden durch Wind und Wellen tief gefurcht* ***(oben);*** *etwas weiter im Inland dominieren dichte Küstensträucher und Heidegewächse. Südlich der Halbinsel erhebt sich die nur einen Kilometer entfernte Schouten Island jäh aus dem Meer. Die teilweise extrem felsige, 1967 dem Nationalpark einverleibte, unbewohnte Insel besitzt auch einige ruhige Buchten und Strände.*

*Die perfekt gerundete Wineglass Bay* ***(rechts)*** *ist wohl das meistfotografierte Motiv des 13.000 ha großen Freycinet National Park. Der Quarzitsand ist unglaublich hell, und das Wasser der von bewachsenen Hügeln umgebenen Bucht azurblau. Kaum weniger ansehnlich sind einige weitere Strände und Buchten wie die geschwungene Honeymoon Bay. Überdies beherbergt der Park einen Eukalyptuswald, herrliche Wildblumen (im Frühling), eine reiche Vogelwelt sowie Wombats, Wallabys und Pinselschwanzbeutler.*

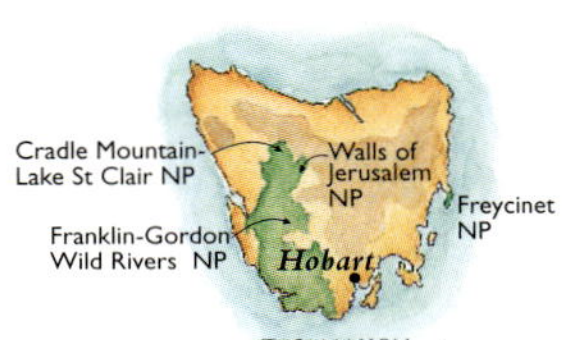


*Südlich des Nationalparks und östlich der Hauptstadt Hobart weitet sich die Küste zu zwei Halbinseln aus (Forestier und Tasman Peninsula), die durch einen schmalen Landstreifen – den Eaglehawk Neck – miteinander verbunden sind. Diese brandungsreiche Region ist berühmt für ihre ungewöhnlichen, stark zerklüfteten Felsformationen wie Devil's Kitchen („Teufels Küche"), Tasman Arch oder The Blowhole und für ihre Mosaikpflaster – Schlammstein, der zu sauber, wie von Menschenhand abgeteilten Blöcken verwitterte* ***(unten).***

## Tasmanien und seine historischen Stätten

*Port Arthur, am südlichen Rand der Tasman Peninsula gelegen, ist einer der zugleich tragischsten und aufregendsten historischen Orte Australiens. Hier entstand 1830 eine große Sträflingssiedlung, die für mehr als 12.000 bis 1877 hierher entsandte männliche Sträflinge Zwangsarbeit und entbehrungsreiches Leben bedeutete. Die Männer arbeiteten aneinandergekettet, lebten in einem Gefängnis und wurden häufig ausgepeitscht. Port Arthur mit seinen historischen Gebäuden und Stätten wie dieser eindrucksvollen Kirche* ***(linke Seite)****, einem „Modellgefängnis" und einem unheimlich wirkenden Friedhof (Isle of the Dead) ist einer der großen Touristenmagneten und erinnert zugleich an die oft brutalen Anfänge der modernen australischen Nation.*

*In der Cascade Brewery (1824) entsteht das beliebte Cascade-Bier. Das Foto der ältesten Brauerei Australiens* ***(oben)*** *zeigt im Hintergrund die Ausläufer des 1.270 m hohen, zugigen und über der Stadt Hobart thronenden Mount Wellington. Hobart, 1804 und damit nur 16 Jahre nach Sydney gegründet, ist die größte Stadt Tasmaniens und die zweitälteste australische Hauptstadt und wirkt angesichts des kühlen Klimas, der beschaulichen Lebensart und der bezaubernden Straßen und Gebäude europäischer als die meisten australischen Städte. Mit ihren selbst heute nicht mehr als 200.000 Einwohnern besitzt die Kapitale mit der reichen Historie außer der Cascade Brewery noch zahlreiche andere alte Prachtbauten.*

## Tasmaniens Nationalparks

*Ein großer Teil Tasmaniens (fast 1,4 Millionen ha) wurde in Anerkennung der Schönheit und der ökologischen Bedeutung der einzigartigen Wildnis im Westen und Süden der Insel von der Unesco als Welterbe ausgewiesen. Neben der nördlichen Region Cradle Mountain-Lake St. Clair und dem entlegenen South West National Park im Süden nimmt der Franklin-Gordon Wild Rivers National Park einen großen Teil des Schutzgebiets ein. Dieser unverfälschte und unbewohnte Nationalpark besteht aus tosenden Flüssen, schroffen Gipfeln, Regenwald und Hochmooren. Einer seiner Höhepunkte ist das 1.443 m hohe Frenchmans Cap* **(oben links)**, *ein schroffer Quarzitgipfel, der über dem Tal des Franklin River, einem der weltbesten Wildwasser-Reviere, thront.*

**Nachfolgende Doppelseite:** *Im zentralen Norden von Tasmanien und ebenfalls innerhalb der als Welterbe ausgewiesenen Region gelegen, bildet der Walls of Jerusalem National Park ein karges und wildes Bergland. Die Hochebene und Gipfelkette westlich des tasmanischen Zentralplateaus ist gekennzeichnet durch steile, schroffe Doleritfelsen, kleine Seen und eine besonders robuste Vegetation – Heidegewächse und durch starke Winde bizarr verformte Snowgums. Die „Walls" selbst präsentieren sich als dramatisch aufragendes Amphitheater aus verwitterten Felsen und sind ein zunehmend beliebtes Ziel für erfahrene Kletterer. Der Park enthält überdies einen der letzten tasmanischen Bestände von Pencil Pines (Athrotaxis cupressoides), die bis zu tausend Jahre alt werden können und so weit wie möglich vor Abholzung, Bränden und weiteren Schäden geschützt werden.*

*Westlich des Franklin-Gordon Wild Rivers National Park ließen die hohen Niederschläge des westlichen Küstengürtels einige der weltweit dichtesten und schönsten gemäßigten Regenwälder entstehen* **(oben rechts)**. *Die Hügel, Kämme und Täler rund um den Hafen- und Fischereiort Strahan erhalten alljährlich rund 2.000 mm Regen und sind mit Huon Pines (Dacrydium franklinii) und anderen langsam wachsenden, dafür aber bis zu 2.000 Jahre alten Nadelbäumen bedeckt. Die Wälder wurden ab den 20er Jahren des 19. Jahrhunderts stark abgeholzt, doch da ein großer Teil der Region als Nationalpark und Welterbe ausgewiesen ist, konnten weite Teile dieser einzigartigen Wälder gerettet werden. Nahe der Westküste wurden überdies jahrzehntelang Gold, Silber, Kupfer, Blei und Zink abgebaut.*

*Eine weiteres hübsches Steinchen im Mosaik des tasmanischen Westens rund um Strahan ist die unverdorbene Küste mit ihrer oft heftigen Brandung* **(rechte Seite)**. *An einem Meeresarm namens Macquarie Harbour gelegen, bildet das Hafen- und Ferienstädtchen Strahan den wichtigsten Ausgangspunkt für Fahrten auf dem für sein braunes Wasser bekannten Gordon River. Die Färbung wird von den umgebenden Wäldern und Torfmooren verursacht. Mit einer Fläche von rund 285 km² bildet Macquarie Harbour eine große, von dichtbewaldeten Hügeln gesäumte Wasserstraße, die 1815 erstmals von Europäern befahren wurde. Auf Sarah Island entstand hier später eine für die Brutalität ihrer Aufseher bekannte Sträflingssiedlung, deren Bewohner von 1821 bis 1833 unter haarsträubenden Bedingungen Zwangsarbeit verrichten mußten.*

**Cradle Mountain-Lake St. Clair National Park**

*Der 1982 als Teil der tasmanischen Welterbe-Region eingestufte Nationalpark wartet mit einigen imposanten alpinen Landschaften auf: mit Gipfeln, nackten Felsen, Tälern, Bergseen, Hochmooren und einer einzigartigen Pflanzenwelt. Innerhalb des Nationalparks liegen der Mount Ossa (mit 1.617 m der höchste Berg Tasmaniens), Cradle Mountain (1.545 m) sowie der Lake St. Clair (mit einer Wassertiefe von bis zu 200 m der tiefste See Australiens).*

*Der Overland Track, Tasmaniens berühmtester Fernwanderweg, windet sich auf 80 km Länge durch den Nationalpark. Die fünf- bis zehntägige Wanderung setzt eine gewisse Abhärtung voraus, denn unvermittelte Regengüsse, Temperaturstürze und Schneeregen oder gar Schneefall im Sommer sind im tasmanischen Hochland keine Seltenheit. Weniger anstrengende Naturerlebnisse bietet dagegen ein Aufenthalt in der berühmten Cradle Mountain Lodge.*

*Die Szenerie könnte aus einem europäischen Gebirge stammen: Majestätisch thront der Mount Geryon über einem See im Cradle Mountain-Lake St. Clair National Park* **(oben)**. *Die zerklüfteten Gipfel sind unbewachsen, doch in den Tälern und geschützten Bereichen gedeihen alpine Gräser, Schilfregionen und dichte Wälder etwa mit Tasmanian Myrtles (Nothofagus) und Pencil Pines. Die im Frühjahr und Sommer im Tal erblühenden Wildblumen liefern Farbtupfer, die in dieser kargen Umgebung besonders faszinierend wirken.*

*Überall innerhalb des Nationalparks treten unvermittelt die so typischen schroffen Gipfel ins Blickfeld* **(unten)**. *Beutelmarder, Beutelteufel, Wallabys und die wallabyartigen Filander oder Pademelons sind die herausragenden Vertreter der Landfauna, und in den Flüssen leben die seltenen Schnabeltiere und eine heimische Forellenart. Saisonales Angeln ist Besitzern eines entsprechenden Angelscheins gestattet. Auch Trekking, Wandern und Klettern sind beliebte Aktivitäten, und im Winter eignet sich das Gelände für abenteuerliche Skiwanderungen.*

## Coorong National Park

*Die 145 km lange, schmale und stark salzhaltige Coorong-Lagune an der Küste von South Australia liegt eingezwängt zwischen dem Festland und einem gleich langen Sand- und Dünenstreifen, der Younghusband Peninsula. Die vom Coorong National Park eingenommene Region ist bekannt für ihre reiche Vogelwelt mit über vierhundert Arten; vor allem Küstenvögel werden zu Tausenden durch die vom Wasser dominierte Umwelt angezogen. Brillenpelikane sind hier ein ebenso vertrauter Anblick wie Möwen, Kormorane, Ibisse, Lappentaucher, Löffler und Trauerschwäne. Die mit stattlichen 5.000 Exemplaren hier dauerhaft brütenden Coorong-Pelikane bilden die größte permanente Pelikan-Kolonie in Australien. Besucher werden gebeten, sich von den Niststätten dieser und anderer Vögel auf den zahlreichen Laguneninseln fernzuhalten. Die Aufnahme oben zeigt die abendliche Rückkehr der Pelikane zu ihren Brutstätten.*

*Die südöstliche Küste von South Australia, dem trockensten Bundesstaat, ist überraschenderweise von zahlreichen Seen und Wasserläufen durchzogen. Hier liegt auch das Mündungsgebiet des im Hochland von New South Wales entspringenden Murray, dem mit 2.500 km längsten australischen Fluß. Der Coorong National Park erstreckt sich von der Mündung des Murray in südöstlicher Richtung bis in die Nähe der Stadt Kingston. Der Coorong und die anderen Seen der Region sind ruhige Gewässer* ***(rechte Seite),*** *die dem Ozean zugewandte Seite der Younghusband Peninsula dagegen ist Stürmen und Brandungswellen ausgesetzt. Auf den Dünen gedeiht kaum mehr als Spinifex und andere Gräser, in der Umgebung der sumpfigen Lagune indes Paperbarks (Melaleuca) und Grasbäume. Zu den im Park anzutreffenden Hinterlassenschaften der Aborigines zählen große Muschelhaufen.*

**Flinders Chase National Park, Kangaroo Island**

*Das der Küste von South Australia vorgelagerte, 145 km lange Kangaroo Island bietet einer bemerkenswerten Flora, vor allem aber einer ungemein vielgestaltigen Fauna Zuflucht. Kennzeichen der für ihre Wildheit berühmten Insel sind windgepeitschtes Heideland, Strände, verschwiegene Buchten und schroffe Klippen. Die im Flinders Chase National Park am Westende der Insel stehenden Remarkable Rocks sind eine Gruppe von in der Tat bemerkenswerten Granitblöcken, denen Wind und Wetter einen auffallend glatten Schliff verliehen haben* ***(oben und links)****.*

*Kangaroo Island, 1802 von dem Forschungsreisenden Matthew Flinders wegen seiner reichen Känguruhbestände so benannt, beherbergt vor allem im Flinders Chase National Park eine besondere, leicht abweichende Unterart des in weiten Teilen von Südaustralien verbreiteten westlichen Grauen Riesenkänguruhs* ***(unten)****.*

**Barossa Valley**

*Das Barossa Valley nordöstlich von Adelaide gilt als führende Weinanbauregion Australiens* ***(kleine Fotos)****. Seine rund 45 Kellereien erzeugen etwa 60 Prozent der besten australischen Weine. Den Grundstein legten Ende der 30er Jahre des 19. Jahrhunderts aus Deutschland eingewanderte Lutheraner, deren Fertigkeiten im Weinbau die heute weltberühmten Kellereien Penfolds, Wolf Blass, Henschke und Hardys ihre Existenz verdanken.*

*Auch wenn der Weinbau dominiert (neben Rot- und Weißweinen werden auch Portweine und Sherrys erzeugt), ist das Barossa Valley doch nicht ausschließlich von diesem Sektor abhängig. Auch Weizen* ***(rechts)*** *und Steinobst werden hier kultiviert, und getrocknete Aprikosen sind eine lokale Spezialität. Mit seinen sanften Hügeln und der Fülle malerischer Ortschaften, ländlicher Museen und denkmalgeschützter Gebäude wirkt das Barossa Valley lieblicher als die anderen, eher rauhen Landschaften Australiens.*

# *Der* WESTEN

## EIN LAND FÜR SICH – ALTES UND NEUES

Als größter Bundesstaat Australiens nimmt Western Australia nahezu ein Drittel des Kontinents ein. Der Westen umfaßt spektakuläre Küsten, ein an Bodenschätzen reiches Hochland, Halbwüsten und die sanften Konturen des bewaldeten, agrarischen Südens. Zwischen dem feuchten, gemäßigten Süden und dem heißen Norden bestehen beträchtliche klimatische Unterschiede.

Der Westen verkörpert in verschiedener Hinsicht ein Land für sich. So unterscheidet er sich schon rein äußerlich vom Rest des Kontinents: Viele seiner Bäume, Blumen und Tiere wie das Quokka oder Kurzschwanzkänguruh und der Numbat (Ameisenbeutler) kommen allein hier vor, und die nördliche Pilbara-Region enthält die ältesten und ursprünglichsten Landschaften ganz Australiens. Lange bevor sich den Europäern das Binnenland erschloß, war den Seefahrern des 17. und 18. Jahrhunderts die Westküste, die sie „New Holland" nannten, wohlbekannt. Noch heute erinnern zahlreiche Namen an die Zeit der frühen Seefahrer; so etwa erhielten die Houtman Abrolhos Islands 1619 ihren Namen von niederländischen Seefahrern.

Die Besiedlung des Westens nahm 1826 mit der Gründung von Albany durch einen aus New South Wales entsandten Trupp ihren Anfang. Perth, damals als Swan River Colony bekannt (nach den heute noch am Fluß anzutreffenden Trauerschwänen), entstand drei Jahre später. Anders als zahlreiche Städte im Osten wurde Perth zunächst von freien Siedlern errichtet, obwohl aufgrund der Abgeschiedenheit die Mithilfe von Sträflingen später erforderlich wurde. In den 40er Jahren des 19. Jahrhunderts erschien es so, als würden die sandigen Böden, die Überflutungen, die Dürrezeiten und das daraus resultierende mangelnde Interesse weiterer Siedler das Ende der Kolonie bedeuten, doch allmählich wendete sich das Blatt, und das Überleben des Staates wurde durch die Landwirtschaft und die spätere Entdeckung reicher Goldvorkommen gesichert.

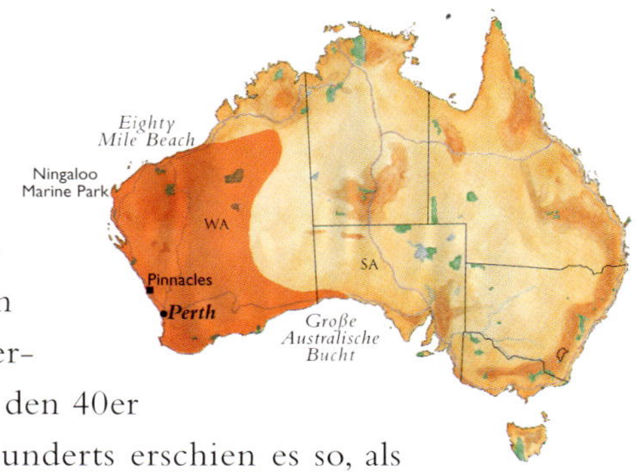


Dank seiner sonnigen Lage an den Ufern des Swan River und der Nähe prächtiger Strände ist das relativ beschauliche Perth heute eine der begehrtesten Wohnstädte Australiens; das gleiche gilt für die nahegelegene Hafenstadt Fremantle. In diesem Ballungsgebiet leben über eine Million Menschen, mithin die Mehrzahl der rund anderthalb Millionen Einwohner ganz Western Australias.

Die von der Grenze zu South Australia bis zum Eighty Mile Beach bei Broome reichende Küste ist wahrhaft spektakulär. Am westlichen Ende der Großen Australischen Bucht liegen die nach 1860 gegründete Stadt Esperance, der Cape Le Grand und der Cape Arid National Park mit ihren Granitfelsen und das Tierparadies des Archipelago of the Recherche. Weiter im Westen folgt Albany, einst eine bedeutende Walfangstation und heute ein idealer Ort für die

*Ningaloo Reef (linke Seite), eine der schönsten Naturlandschaften von Western Australia, die zum Ningaloo Marine Park gehört, ist das größte Saumriff der Welt. Es erstreckt sich über eine Länge von rund 260 km und nähert sich der Küste zum Teil bis auf 100 m an. In der Umgebung des Riffs und in den klaren Lagunengewässern leben 220 farbenprächtige Korallen- und 500 verschiedene Fischarten.*

*Vorhergehende Doppelseite: Niederländische Seefahrer hielten die Felsnadeln (Pinnacles) des Nambung National Park im 17. Jahrhundert für die Ruinen einer antiken Stadt. Die goldenen Nadeln und Säulen aus Kalkstein sind indes das Resultat der Erosion. Vermutlich vor 15.000 Jahren unter der Erde entstanden, gelangten die Pinnacles im Lauf der Zeit aufgrund von Sandbewegungen an die Oberfläche.*

Beobachtung vorbeiziehender Glattwale. Schroffe Granitklippen, Naturstrände, das Agrarzentrum Denmark und der Walpole-Nornalup National Park mit seiner reichen Vogelwelt liegen ebenfalls in dieser südlichen Region.

Die Westküste zwischen Augusta und Perth umfaßt den Leeuwin-Naturaliste National Park mit seinen Kalksteinhöhlen, das Weinzentrum Margaret River und Geographe Bay mit den Ferienorten Bunbury und Busselton. Auf dem 19 km vor Fremantle gelegenen Rottnest Island leben die auf kleine Gebiete von Western Australia beschränkten Quokkas. Der merkwürdige Name der Insel geht darauf zurück, daß holländische Seefahrer im 17. Jahrhundert diese Känguruhs fälschlicherweise für Ratten hielten.

Die berühmten Pinnacles des Nambung National Park ragen 250 km nördlich von Perth nahe der Stadt Cervantes auf. Die bizarren, bis zu fünf Meter hohen Säulen und Nadeln aus Kalkstein sind das Resultat der Erosion. Der reiche Tierbestand des Nationalparks umfaßt Emus, Känguruhs und viele Vogelarten.

Die vor der zentralen Küste gelegenen Houtman Abrolhos Islands sind bedeutend für die Hummerfischerei, aber auch als Niststätte für Sturmtaucher, Seeschwalben und andere Seevögel. Der nördlich liegende Kalbarri National Park mit seiner brandungsreichen Küste, den Sandsteinebenen und den vom Murchinson River gekerbten Schluchten beherbergt über 500 Pflanzenarten. Nördlich von Kalbarri liegen die wilden Zuytdorp Cliffs – Teil der „Batavia-Küste" der niederländischen Seefahrer –, denen zahlreiche Schiffe zum Opfer fielen.

Einzige Welterbe-Region in Western Australia ist Shark Bay, ein großer Meeresarm, der berühmt ist für seine Flaschennasen-Delphine, die in Monkey Mia besonders zutraulich sind. Weitere Highlights sind Dugongs (Seekühe), die einzigen pflanzenfressenden Meeressäuger, außerdem Schildkröten, Haie und rund 310 Fischarten sowie Stromatolithen, primitive, steinartige Pflanzen. Den ersten bekannten Landgang von Europäern wagten holländische Seefahrer 1616 auf Dirk Hartong Island.

In den nördlichen Küstenregionen liegen noch weitere Sehenswürdigkeiten wie die *blowholes* und der salzige Lake MacLeod in der Carnarvon-Region, die herrlichen Strände der Coral Bay und Ningaloo Marine Park mit dem weltweit größten Saumriff (260 km lang und stellenweise nur 100 m vom Festland entfernt). Hier begegnet man Delphinen, Dugongs, Schildkröten, vorbeiziehenden Buckelwalen und Walhaien – mit bis zu 18 m Länge die größten Fische überhaupt.

Weiter im Norden erstrecken sich der Cape Range National Park mit seinem spärlich bewachsenen Kalksteinboden sowie Burrup Peninsula mit rund 10.000 prähistorischen Felsgravuren, einigen Muschelhaufen und anderen Zeugnissen der Besiedlung durch Aborigines. Beliebte Ferienorte sind die Hafenstädte Exmouth, Onslow, Dampier und Karratha, während Port Hedland als Zentrum für die Verschiffung von Pilbara-Eisenerz von Bedeutung ist.

Obgleich die Briten bereits in den späten 20er Jahren des 19. Jahrhunderts – wenn auch nur sporadisch – im Westen Fuß

**Linke Seite:** *Die Luftaufnahme der Hamersley Range (Pilbara) läßt den schroffen Charakter dieser schätzungsweise drei Milliarden Jahre alten Berge erkennen* **(oben links)**.

*Der die Küstenstädte Geraldton und Port Hedland verbindende North West Coastal Highway verläuft durch eine karge Landschaft, in der heftige Sandstürme keine Seltenheit sind* **(oben rechts)**.

*Die ungemein flache Nullarbor-Ebene erstreckt sich vom südlichen Western Australia bis nach South Australia und bricht in Form von hohen Kalksteinklippen auf einer Länge von Hunderten von Kilometern dramatisch und steil zur Großen Australischen Bucht hin ab* **(unten links)**.

*Üppige Tropenvegetation etwa aus eingeführten Dattelpalmen, diesen Livistona (Cabbage Palms) und Seerosen sind ein – unerwartetes – Merkmal des Millstream-Chichester National Park im Norden der ariden Pilbara-Region* **(unten rechts)**. *Wenngleich der Park zum großen Teil aus kargen Gebirgszügen und Tonplateaus besteht, ließen nie versiegende Quellen einige grüne Oasen entstehen.*

*Die Stirling Range im Hinterland von Albany ist eine der beeindruckendsten Gebirgsketten von Western Australia. Die Aufnahme oben auf dieser Seite entstand auf dem Bluff Knoll, der mit 1.073 m höchsten Erhebung.*

gefaßt und die Siedler das Agrarland um Perth bereits erschlossen hatten, blieb der Rest dieser westlichen Region bis 1841 praktisch unberührt. In jenem Jahr unternahm Edward John Eyre auf der Suche nach einer Westroute für den Viehtrieb seinen pionierhaften Treck von South Australia durch die Nullarbor-Ebene nach Albany. Heute ist die karge und eintönige Nullarbor-Ebene (latein. für „keine Bäume") nicht weniger unwirtlich als zu Eyres Zeiten. Die immense Kalksteinebene – vor 20 Millionen Jahren noch von einem See bedeckt – ist mit Höhlen, Schlundlöchern und unterirdischen Flüssen durchzogen, die durch das poröse Gestein sickerndes Regenwasser schuf. In der wasserlosen Wüste gedeihen fast nur robuste Pflanzen wie Blaustrauch und Salzbusch.

Die an der Südküste steil abbrechende Nullarbor-Ebene bildete lange Zeit eine machtvolle Barriere zwischen Ost und West. In den 70er Jahren des 19. Jahrhunderts wurde sie jedoch durch den Bau einer Überland-Telegrafenleitung nach Perth „erobert". Weitere technische Glanztaten folgten 1917 mit dem Bau des Trans Australian Railway (berühmt für den mit 478 km weltweit längsten geraden Streckenabschnitt) und des Eyre Highway in den 40er Jahren.

Die berühmten, Ende des 19. Jahrhunderts entdeckten Goldfelder von Western Australia liegen westlich der trostlosen Nullarbor-Ebene. Die Goldfunde bewirkten ein Anwachsen der Bevölkerungszahl. Noch heute werden in Kalgoorlie-Boulder, der mit rund 23.000 Einwohnern größten Outback-Stadt der Region, ansehnliche Goldmengen abgebaut. Die Erschließung der Halbwüste gestaltete sich extrem schwierig, bis man 1903 zwischen den Goldfeldern und Mundaring Weir bei Perth eine 600 km lange Wasser-Pipeline errichtete, die den Süden von Western Australia noch heute mit Wasser versorgt.

Einzelne Hügel und Berge bieten in der flachen Landschaft eine willkommene Abwechslung. Die zerklüftete, 65 km lange Stirling Range im Hinterland von Albany erreicht mehr als 1.000 m Höhe, während Perth von den sanften Hügeln der bewaldeten Darling Range gesäumt wird. Weiter im Norden liegen die an Fossilien und Edelsteinen reiche Kennedy Range (bei Carnarvon) und der prächtige, 1.106 m hohe Mount Augustus, der weltgrößte Monolith, zweieinhalbmal so groß wie Uluru. Der gleichnamige Nationalpark enthält überdies einige bemerkenswerte Felsmalereien und -gravuren.

Die bedeutendste Hochlandregion des Westens ist jedoch die geologisch komplexe Pilbara mit der Hamersley Range. In dieser 510.000 km² großen Wüstenlandschaft mit ihrem drei Milliarden Jahre alten Gestein liegen auch die Schluchten, Berge, Plateaus und Flüsse des Karijini (Hamersley Range) National Park. Als eines der größten Reservate von Western Australia birgt Karijini zahlreiche Stätten der Aborigines und

*Das nur 20 km von Perth entfernte Fremantle* **(oben)** *war lange Zeit das wichtigste Hafen- und Fischereizentrum der benachbarten Hauptstadt. Im gleichen Jahr gegründet wie Perth, besitzt es noch zahlreiche historische Gebäude.*

*Perth, die Hauptstadt von Western Australia, ist eine schmucke Stadt mit herrlichen Stränden, mildem Klima und attraktiver Lage am Swan River* **(unten)**. *An dem seit 1829 besiedelten Ort leben heute knapp eine Million Menschen.*

eine reiche Tierwelt mit Ameisenigeln, Schlangen und vielen Echsenarten. Der auch in der Pilbara gelegene, 200.000 ha große Millstream-Chichester National Park zeichnet sich durch Basaltberge, Quellen, eine Dattelpalm-Oase, eine große Kolonie von Flughunden und bedeutende Aboriginal-Stätten aus.

Diese gesamte nördliche Region grenzt an die zentralen Wüsten und ist durch extreme Trockenheit geprägt. Der Südliche Wendekreis verläuft nur etwas weiter im Süden, und als heißester Ort Australiens hält der Weiler Marble Bar den Rekord mit 161 Tagen in Folge mit Temperaturen von über 100 Grad Fahrenheit (37,8 °C). Wie bei den kargen Goldfeldern im Süden lockten Edelmetalle die Menschen auch in diese unwirtliche Gegend. Die Pilbara verfügt über besonders reiche Bodenschätze: Eisenerz wird in Newman und Tom Price gewonnen, Gold in Mount Magnet und Meekatharra. In Wittenoom (bei Newman und Tom Price) wurde bis 1966 Asbest abgebaut, und Schilder fordern die Vorbeireisenden auf, diese verseuchte Region zu meiden.

Das Land im Norden und Osten von Perth ist da schon weit gastlicher. In dieser Region entstanden auch die ersten landwirtschaftlichen Siedlungen wie etwa die aus den 30er Jahren des 19. Jahrhunderts datierenden Städte Northam und York im Avon Valley, das zu einem riesigen, sich gen Osten in Richtung auf die Goldfelder und gen Süden zur Küste hin erstreckenden Weizengürtel gehört. Mit Wave Rock wurde hier eine außergewöhnliche Felsformation zur Attraktion. Diese über 100 m lange und 15 m hohe, wie beim Überschlag erstarrte Riesenwelle ist in Wahrheit ein von der Erosion durch Jahrmillionen geformter Granitüberhang.

Südlich von Perth liegt eine weitere ökonomisch bedeutende Region, die auf Weinbau und Holzwirtschaft spezialisiert ist. Die Umgebung des Margaret River ist berühmt für ihre guten Weine, und die Hölzer aus dem Südwesten Australiens werden in aller Welt geschätzt. Hartholz-Eukalypten, die etwa in der Umgebung von Manjimup und Pemberton wachsen, werden beim Schiffsbau sowie für Parkett und hochwertige Möbel verwendet. Diese einzigartigen Baumriesen stehen zum Glück in einigen Reservaten und Nationalparks unter Schutz.

Die Besonderheit und Abgeschiedenheit des Westens wird am besten durch seine unglaublich reiche, weitgehend endemische Pflanzenwelt veranschaulicht. Western Australia beherbergt mindestens 8.000 Arten von Blütenpflanzen – von winzigen Erdorchideen über bizarre Grasbäume bis zu Rieseneukalypten. Von August bis November blühen Wildblumen wie die rote und grüne Känguruhpfote, blaue Leschenaultias, Banksien und fleischfressende Pflanzen wie der Sonnentau. Sie alle tragen dazu bei, daß der Westen als eine der eigentümlichsten und schönsten Naturregionen Australiens gilt.

*Der flugunfähige Emu* ***(oben links)****, mit knapp zwei Metern Höhe Australiens größter Vogel, ist nahezu in ganz Australien heimisch.*

*Das nur auf Rottnest Island und im äußersten Südwesten von Western Australia vorkommende Quokka* ***(oben Mitte)*** *ist ein kleiner Vertreter der Känguruh-Familie.*

*Trotz seines jugendlichen Alters besitzt dieses Känguruh bereits alles, was man zum Hüpfen braucht: lange Füße und überaus kräftige Hinterläufe* ***(oben rechts)****.*

*Neben dem Schnabeltier ist der Ameisenigel* ***(links)*** *das einzige in Australien erhaltene Kloakentier – mithin ein primitiver, eierlegender Säuger.*

## Nullarbor-Ebene

*Vor rund 20 Millionen Jahren bildete die heutige Nullarbor-Ebene (Nullarbor Plain) den Grund eines großen Sees. Diese Zone mit ihrer immensen Fläche von 200.000 km² wurde jedoch durch geologische Kräfte angehoben und ist heute ein trockenes, unwirtliches Plateau. Dieses weltgrößte Kalksteingebilde bedeckt einen großen Teil des südöstlichen Western Australia und erstreckt sich bis weit nach South Australia hinein. Die Monotonie wird aufgrund der geringen Regenmengen und der nur für robuste Pflanzen geeigneten Kalksteinböden kaum unterbrochen. Ganz anders präsentiert sich die unterirdische Welt: Der spärliche Regen, der im Lauf von Jahrtausenden durch das poröse Gestein sickerte, schuf ein gewaltiges Netz aus Schlundlöchern* **(oben)**, *Höhlen, Katakomben und unterirdischen Flüssen.*

*Die Nullarbor-Ebene wurde Anfang der 40er Jahre des 19. Jahrhunderts erstmals von Europäern erforscht und seither unzählige Male durchquert. Dennoch bildet sie weiterhin eine ehrfurchtgebietende Barriere zwischen Western Australia und dem, was dessen Bewohner gern als die „Oststaaten" bezeichnen: alles jenseits der Grenze! Man begreift leicht, wie sehr diese große Fläche vor allem im 19. Jahrhundert das Isolationsgefühl der westlichen Siedler verstärkte. Der zur Bergbaustadt Kalgoorlie führende Trans Australian Railway wurde 1917 verlegt, und in den 40er Jahren wurde der Eyre Highway fertiggestellt. Auch der Reisende der Gegenwart erblickt heute nicht mehr als eine gewaltige Ebene, die nur durch niedrige, ausdauernde Sträucher und einzelne Sandhügel aufgelockert wird* **(rechts)**.

**Wave Rock**

*Die nahe des Landwirtschafts-Städtchens Hyden gelegene Felswand mit dem treffenden Namen Wave Rock („Wellenfels") verkörpert eine der eigenartigsten und berühmtesten Felsformationen Westaustraliens. Das über 100 m lange und 15 m hohe Gebilde ist indes kein Fels, sondern eine einstmals senkrechte Granitwand, die ihre sanfte Krümmung im Laufe der nicht weniger als drei Milliarden Jahre währenden Erosion erhielt. Wave Rock wirkt auch deshalb wie eine lebendige Brandungswelle, weil die konkave Wand erdfarbene – rostbraune, rote, goldene und graue – Längsstreifen aufweist, die das Ergebnis chemischer Reaktionen des Regenwassers mit Substanzen innerhalb des Granits sind.*

*Der in einem 160 ha großen Reservat befindliche Wave Rock zieht große Besucherscharen an. Der wie ein Fremdkörper wirkende Steinsaum oberhalb von Wave Rock ist die Mauer eines ehemaligen Wasserauffangbeckens* **(rechts)**. *Die innerhalb des Weizengürtels liegende Umgebung von Hyden besitzt noch viele weitere Gesteinsformationen mit klingenden Namen wie Hippo's Yawn („Gähner des Flußpferds"), Breakers („Brandung") und Humps („Höcker"). Diese als Inselberge bezeichneten verwitterten Gebilde treten isoliert aus dem Granituntergrund hervor. Der Hyden-Distrikt ist überdies wegen der Handaufstäubungen in der nahen Mulkas Cave von Bedeutung.*

## Geographe Bay und Leeuwin-Naturaliste National Park

*Die weitgeschwungene Geographe Bay südlich von Perth wurde von französischen Forschungsreisenden nach einem ihrer Schiffe, der „Geographe", benannt, die 1801 hier ankerte. Busselton, die wichtigste Stadt der Region, wurde dreißig Jahre nach dem Besuch der Franzosen gegründet, und zwar zunächst als Hafen für die Verschiffung der regionalen Agrarerzeugnisse und Nutzhölzer. Seit Ende des 19. Jahrhunderts ist Busselton ein beliebter Badeort und neben dem nahegelegenen Dunsborough ein vielbesuchtes Urlaubsziel der Einwohner von Western Australia. Trümpfe sind das gemäßigte Klima, die attraktiven Strände und die meist ruhigen Gewässer, die zu Bootsfahrten und zum Angeln einladen. Berühmtheit erlangte die zwei Kilometer lange Holzpier. Der Name der Stadt geht auf die Siedlerfamilie Bussell zurück, deren berühmtestes Mitglied Grace Bussell war, die zur Nationalheldin wurde, als sie sich 1876 an einer erfolgreichen Rettungsaktion für ein havariertes Schiff und seine Passagiere maßgeblich beteiligt hatte.*

*Südlich von Cape Naturaliste, dem südwestlichen Ende der Geographe Bay, erreicht die nach Süden verlaufende Küste des Indischen Ozeans nach mehr als 90 km mit Cape Leeuwin ein weiteres prominentes Kap. Ein Großteil dieser Küste mit ihrem Hinterland, das den äußersten Südwesten des Kontinents bildet, liegt innerhalb des Leeuwin-Naturaliste National Park mit von der Brandung umtosten Klippen und Landzungen* (rechts)*, herrlich leeren Stränden und Kalksteinböden. Heimisch auf den windgepeitschten Klippen sind niedrige Heidegewächse, Mallee (robuste, kleinwüchsige Eukalypten) und diverse Sträucher sowie Seevögel, Opossums und der westliche Beutelmarder (die sogenannte „einheimische Katze"). Die Kalksteinfelsen sind von zahlreichen Höhlen durchlöchert, die größtenteils besichtigt werden können. Weiter im Landesinneren gibt es einen großen, isolierten Wald aus Karri (Eucalyptus diversicolor); diese Baumriesen kommen nur in Südwestaustralien und meist erheblich weiter im Osten vor.*

**Weizengürtel und Wildblumen**

*Das landwirtschaftliche Herz von Western Australia ist sein berühmter Weizengürtel, der ein gewaltiges Areal im Süden und Westen des Bundesstaates einnimmt und für das Gros der Getreideproduktion aufkommt. Überall in dieser meist sehr flachen Agrarregion erstrecken sich Weizenfelder bis zum Horizont, einem goldenen Teppich gleich* ***(oben)****.*

***Rechte Seite:*** *Im Norden und Westen des fruchtbaren Ackerlands liegt die weitaus kargere Region Murchison Goldfields. Nach dem Regen jedoch wird der scheinbar unfruchtbare Boden kurz zum Leben erweckt und bringt ein Meer an blühenden Wildblumen hervor, wie diese Strohblumen am Mongers Lake* ***(oben)****.*

*Sobald die Wildblumen verblüht sind, zeigt sich am Mongers Lake erneut das gewohnte Bild mit ausdauernden, wie ausgedörrt wirkenden Pflanzen, die in der trockenen roten Erde zu überleben vermögen. Diese Region rund um den Great Northern Highway enthält Dutzende von ausgetrockneten Seen verschiedener Größe und viele seit langem aufgegebene Siedlungen und Abbaustätten der Goldgräber. Paynes Find und Yalgoo florierten um die Jahrhundertwende mit zahlreichen Läden und Hotels und einer Einwohnerzahl, die die gegenwärtige bei weitem übertraf. In dieser kargen Region finden sich auch einige bedeutende Relikte der Aborigines – etwa in Form von Höhlenmalereien und eigenartigen Steingebilden.*

## The Pinnacles

*Im Nambung National Park nahe der Kleinstadt Cervantes (245 km nördlich von Perth) bedecken die aus Kalkstein bestehenden Pinnacles („Felsnadeln") eine große, windreiche Wüstenzone dicht hinter der Küste. Der Park enthält Tausende dieser auffällig gezackten, in Höhe (bis zu sechs Meter) und Umfang variierenden Gebilde. Besucher können die Stätte im Auto auf einer Rundstrecke umkreisen oder sie auf einem kurzen Wanderweg näher in Augenschein nehmen. Weitere Attraktionen von Nambung sind seine Sandstrände, die ausgezeichneten Angelmöglichkeiten und die Gelegenheit zur Beobachtung von Känguruhs, Wallabys, Waranen und einigen der neunzig hier vertretenen Vogelarten.*

## Kalbarri National Park

*Zwischen der Stadt Geraldton und Shark Bay gelegen, verkörpert der von Sandsteinformationen und dem Unterlauf des Murchison River dominierte Kalbarri National Park eine weitere der zahlreichen Naturschönheiten von Westaustralien. Die Klippen, wie hier in der Umgebung von Island Rock **(oben)**, sind mit einer Kalksteinhaube versehen. Die Erosion schuf zahlreiche Schluchten wie Pot Alley **(rechts)** und Felsformationen wie Natural Bridge, Red Bluff und Grandstand Rocks. Viele Schiffe havarierten an dieser Küste, so auch die „Batavia", die 1629 vor den Houtman Abrolhos Islands auf Grund lief. Die anschließende Meuterei endete im Aussetzen zweier Matrosen in der Kalbarri-Region, die damit wohl zu den ersten europäischen Bewohnern Australiens wurden.*

*In den Küsten- und Inlandsregionen des Kalbarri National Park verwitterte der spröde Sandstein, so daß interessante Formen und Schichtstreifen entstanden. Der hiesige cremefarbene, braune und hellrote Sandstein **(links)** trägt den ungewöhnlichen Namen Tumblagooda. In dem seit 1963 bestehenden Nationalpark leben westliche Graue und Rote Riesenkänguruhs, Felskänguruhs, Emus und mehr als 170 weitere Vogelarten.*

*Die geschwungenen Täler und tiefen Schluchten des Kalbarri National Park sind das Werk des mächtigen Murchison River. Bis vor rund zwei Millionen Jahren ergoß sich der Fluß über eine flache Sandsteinebene, doch dann wurde die Erdkruste nach oben gedrückt, und der Murchison mußte sich tief in den Fels schneiden, um seinen ursprünglichen Lauf wiederzufinden. Die heute insgesamt rund 80 km langen Schluchten kann der Besucher aus der Luft oder von einem der zahlreichen Aussichtspunkte aus betrachten. Dieser Ausblick* ***(oben)*** *auf Schlucht, Tal und Fluß bietet sich am Nature's Window, einem der Highlights des Nationalparks, während die Panoramaaufnahme* ***(links)*** *das sogenannte Loop Bend zeigt. Der 800 km lange Murchison River entspringt tief im Landesinneren nördlich des Viehzucht- und Bergbauzentrums Meekatharra und mündet bei Gantheaume Bay ins Meer, ganz in der Nähe der charakteristischen schroffen Kalksteinklippen.*

*Diesen Blick auf den Fluß und die flachen Sandebenen bietet der Aussichtspunkt auf Hawks Head* ***(kleines Foto unten);*** *zahlreiche Touristen versuchen, von hier aus die bekannte Felsformation in Form eines Habichts auszumachen. Der Murchison River mag auf dieser Aufnahme sehr behäbig wirken, doch nach heftigem Sommerregen verwandelt er sich in einen reißenden Strom, der durch die nicht von ungefähr bis zu 70 m tiefen Cañons fließt. In den Sandebenen gedeihen zahlreiche Sträucher, kleine Bäume und eine Vielzahl von Wildblumen – der Nationalpark beherbergt über 500 Pflanzenarten.*

## Die Zuytdorp Cliffs

*Nördlich des Kalbarri National Park setzt sich die schroffe, abgelegene Küste in Form der berüchtigten Zuytdorp Cliffs fort, die zur „Batavia-Küste" der niederländischen Seefahrer gehören. Dieser wilde, als Schiffsfriedhof bekannte Küstenstreifen wurde entweder nach der Provinz Batavia (dem heutigen Jakarta) oder nach jenem Schiff benannt, das Anfang des 17. Jahrhunderts bei den nahegelegenen Houtman Abrolhos Islands auf ein Riff lief. Der Name der Klippen geht auf die ebenfalls holländische „Zuytdorp" zurück, die hier 1712 auf dem Weg nach Ostindien ihr vorzeitiges Ende fand. Das erst in den 50er Jahren des 20. Jahrhunderts entdeckte Wrack liegt immer noch vor der Küste, doch einige Fundstücke sind im Maritime Museum des weiter südlich gelegenen Geraldton ausgestellt.*

*Vom Flugzeug aus werden am Fuß der Klippen einige Blowholes* **(oben)** *und ein langer, von blauem Wasser und feiner Gischt gesäumter Streifen aus schroffen Felsen sichtbar. Weiter im Landesinneren verläuft die Ebene gen Osten in Richtung auf den North West Coastal Highway zu.*

## Shark Bay

*Shark Bay, ein riesiger Meeresarm mit zahlreichen Inseln, Halbinseln und Lagunen (700 km nördlich von Perth), verkörpert eine international bedeutende und daher als Welterbe eingestufte Küstenregion, die zudem als Teil des Shark Bay Marine Park geschützt ist. Besonders erwähnenswert sind die zu den ältesten Lebensformen überhaupt gehörenden Stromatolithen des Hamelin Pool Marine Nature Reserve und der 110 km lange Shell Beach – einer von weltweit nur zwei Stränden aus nicht-fossilisiertem Muschelkalk; die bis zu zehn Meter mächtigen Schichten sind die Hinterlassenschaft unzähliger weißer Mollusken.*

*Dirk Hartog Island war Schauplatz der ersten bekannten Landung von Europäern in Australien. Am 25. Oktober 1616 ging der niederländische Segler „Eendracht" hier vor Anker, und die Besatzung protokollierte das Ereignis auf einer Metallplatte auf Cape Inscription, deren Nachbildung heute im Western Australian Maritime Museum von Fremantle ausgestellt ist.*

*Zur Shark Bay mit ihrer 1.500 km langen Küste gehört auch die Peron Peninsula, benannt nach einem Naturforscher an Bord der französischen „Geographe", der Anfang des 19. Jahrhunderts die Region südlich von Perth erkundete. Das auf der Halbinsel gelegene Denham, die größte Siedlung innerhalb der Bucht, ist Australiens westlichste Stadt und Ausgangspunkt für jene Touristen, die auf eines der faszinierendsten Tiererlebnisse aus sind: Im nahegelegenen Monkey Mia suchen gesellige Flaschennasen-Delphine regelmäßig die Küste auf, um Besucher zu begrüßen, von ihnen berührt zu werden und mit ihnen herumzutollen. Ebenfalls in der Bucht heimisch sind Dugongs, Wale, Mantarochen, Schildkröten und rund 300 Fischarten. Ein Grund für dieses üppige Meeresleben sind die riesigen, in großen Teilen der Bucht verbreiteten Seegras-Felder. Der François Peron National Park auf der Peron Peninsula, einst eine denkbar entlegene Schaffarm, ist heute die Heimat von Möwen und diversen anderen Vogelarten und besitzt zahlreiche Salzseen mit Gipsablagerungen.*

## Die Küste von Carnarvon

*An der Küste in der Umgebung der entlegenen Quobba Station, 70 km nördlich der Hafenstadt Carnarvon, finden sich Blowholes, die erst 1911 entdeckt wurden – große Löcher in den Kalksteinfelsen, gegen die der Indische Ozean mit enormem Druck anbrandet, so daß spektakuläre, bis zu 20 m hohe Fontänen entstehen. Überdies ist die Region berühmt für ihre gewaltigen Brandungs- und Gezeitenwellen etwa in der Nähe von Quobba Station* **(rechts)**. *Weitere Besonderheiten sind ein Heißwasserloch, mehrere Naturbecken mit Süßwasser und der Lake MacLeod, ein großer, meist ausgetrockneter See unterhalb des Meeresspiegels, wo – unterstützt durch Verdunstung und nachfolgende Kristallisation – seit Mitte des 20. Jahrhunderts Salz gewonnen wird. Dessen ungeachtet ist der See ein bekanntes Vogelschutzgebiet.*

## Karijini National Park

*Das früher als Hamersley Range National Park und heute mit dem Aboriginal-Wort Karijini bezeichnete Reservat in der Pilbara-Region wartet mit geologisch alten Bergen, Hochplateaus, Flüssen, tiefen Schluchten und einem der höchsten Gipfel des Bundesstaates auf, dem 1.235 m hohen Mount Bruce. Heimisch sind hier Ameisenigel, Schlangen, Pinselschwanzkänguruhs, Warane, Dingos und eine üppige Vogelwelt. Einer der Höhepunkte sind die stark verwitterten Felswände von Dales Gorge, wo es auch Campingeinrichtungen und einen Wanderweg gibt, der durch tropische Vegetation zu diversen Naturbecken und Wasserfällen führt.*

*Der Nationalpark ist eng mit dem Leben der hiesigen Aborigines verflochten: Die Bergregion ist die traditionelle Heimat einiger lokaler Clans, in der Nähe befinden sich große Landflächen im Besitz der Ureinwohner, und der neue Name des Parks wurde in Absprache mit den Aborigines gewählt. Wie im Falle von Uluru (Northern Territory) sollen auch hier die Ureinwohner dafür gewonnen werden, den Nationalpark-Gedanken mitzutragen; einige von ihnen sind heute in Karijini als Ranger tätig. Nichts erscheint angemessener, als die Historie, die Tradition und die Flora und Fauna dieser alten Landschaft von ihren angestammten Hütern bewahren und erklären zu lassen.*

*Der Karijini National Park ist berühmt für seine beeindruckenden, oft recht engen und bis zu 100 m tiefen Schluchten wie etwa Hancock Gorge* **(oben)** *und Joffre Gorge* **(rechte Seite)** *mit ihrem Wasserfall, der sich nach anhaltend starkem Regen ergießt. Oft finden sich hier auch schattige Wasserlöcher, die den Besuchern eine willkommene Zuflucht vor der Sonne bieten. Das gleißende Licht verleiht den ohnehin tiefroten Felswänden oft einen feurigen Glanz. Die Gesteine der Pilbara erfreuen jedoch nicht allein das Auge, denn im Umkreis der nahegelegenen Städte Tom Price und Newman werden Bodenschätze – vor allem Unmengen an Eisenerz – abgebaut, während im knapp außerhalb des Parks befindlichen Wittenoom bis in die 60er Jahre des 20. Jahrhunderts hinein Asbest gewonnen wurde.*

## Millstream-Chichester National Park

***Vorhergehende Doppelseite:*** *Wenngleich in der Nähe des Karijini National Park gelegen und aus ähnlichem Pilbara-Gestein bestehend, präsentiert der Millstream-Chichester National Park eine ganz andere Szenerie mit einer abwechslungsreicheren Vegetation und weiten Ausblicken gen Norden auf die Küstenebene und in Richtung der Stadt Roebourne. Flüsse sowie dauerhaft wasserführende Naturbecken und Wasserlöcher lassen üppiges Grün sprießen. Weitere Sehenswürdigkeiten sind die kargen Hochebenen und Basaltketten sowie Aussichtspunkte mit prächtigen Blicken auf die von Wäldern umgebenen Gewässer. Die Region wird von den Aborigines weiterhin zum Zweck der Nahrungsbeschaffung und für besondere Rituale aufgesucht.*

*Das am weitesten verbreitete der fast nur in Australien vorkommenden Beuteltiere ist das Känguruh. Die Aufnahme links stammt aus dem Millstream-Chichester National Park. Beuteltiere, zu denen auch Wallabys, Koalas, Opossums und Wombats zählen, gebären noch fast embryonale Junge, die den Großteil der ersten Entwicklungsphase im mütterlichen Bauchbeutel zubringen. Dieser enthält auch die Milchdrüsen, an denen sich die Jungen festsaugen. Selbst jugendliche Känguruhs, sogenannte „Joeys", suchen dort noch gerne Zuflucht.*

## Burrup Peninsula

*Prägend für die zerklüftete Pilbara-Küste sind die Stadt Dampier und der benachbarte Dampier Archipelago, benannt nach dem englischen Forschungsreisenden und Seefahrer William Dampier, der diese Region im späten 17. Jahrhundert besuchte. Das erst in den 60er Jahren des 20. Jahrhunderts ausgebaute Dampier dient in der Hauptsache als Hafen für die Verschiffung von Eisenerz, doch der Archipel mit seinen 42 Inseln verkörpert ein bemerkenswertes Naturreservat. Die durch rote Steine* ***(oben rechts und links)*** *und Sandstrände charakterisierte Burrup Peninsula nordöstlich von Dampier war eine Insel, bevor sie per Damm mit dem Festland verbunden wurde. Die heute vornehmlich der Förderung von Erdgas dienende Halbinsel ist für die Aborigines von großer historischer und kultureller Bedeutung.*

*Burrup Peninsula ist mit deutlich über 100.000 Felsgravuren an rund 500 Orten eine der reichsten prähistorischen Kunststätten Australiens und vermutlich der ganzen Welt. Außer den recht stark stilisierten Ritzzeichnungen etwa von Emus und Känguruhs* ***(unten links und rechts)*** *sind auch Fischreusen und riesige Muschelhaufen erhalten, die viel über die Eßgewohnheiten der frühen Ureinwohner aussagen.*

**Die Pilbara**

*Snappy Gums wie diese Eukalypten im Millstream-Chichester National Park* **(links)** *sind in dieser Region häufig anzutreffen; auch in den nördlichen Teilen des Northern Territory und im westlichen Queensland treten sie überall auf. Wie der River Red Gum (Eucalyptus camaldulensis) ist auch dieser Baum gut an trockene Lebensbedingungen angepaßt und wächst oft auf steinigen Hügelkuppen. Die Bäume mit ihren glatten, hellen Stämmen, den kleinen, graugrünen Blättern und ihrem unregelmäßigen Wuchs werden selten über sieben Meter hoch. Snappy Gums sind Charakterbäume der australischen Regionen mit mäßigem bis geringem Niederschlag.*

*In der Abenddämmerung und vom Mond beschienen nimmt der River Red Gum das Rot der Umgebung an* **(oben)***. Diese ausdauernden Eukalyptusbäume sind in den ariden und semiariden Regionen Australiens weit verbreitet – an den Ufern des Murray River in South Australia und im westlichen Victoria und auch so weit im Norden und Westen wie in der Pilbara. Die durch ausladende Äste und dicke Stämme charakterisierten River Red Gums besitzen meist eine glatte Rinde und, trotz ihres Namens, vornehmlich eine blaugraue oder blaßgelbe Färbung.*

**Eighty Mile Beach**

**Nachfolgende Doppelseite:** *Am nordwestlichen Rand des australischen Kontinents erstreckt sich jenseits der Hafenstadt Port Hedland der in Wahrheit sogar 85 Meilen (137 km) lange Eighty Mile Beach. Die unglaublich weißen Sandstrände und türkisblauen Gewässer sind meist menschenleer, denn nur wenige Touristen stoßen in diese Randregion vor. Ein Stück weit im Landesinneren, doch der Küstenlinie folgend, verläuft der zur Tropenstadt Broome führende Great Northern Highway, dahinter breitet sich die unbewohnte Great Sandy Desert aus. Der Reichtum an Bodenschätzen ist praktisch der einzige Grund für die Präsenz von Nicht-Aborigines in dieser nördlichen Region von Western Australia. Vor allem von Eisenerz werden in den Minen von Newman und Tom Price große Mengen abgebaut und von Port Hedland aus in die ganze Welt verschifft.*

# REGISTER

*Teilansicht des Bühnenvorhangs des Tjapukai Dance Theatre in Kuranda*

*Die halbfett gedruckten Ziffern verweisen auf Abbildungen.*

# BILDNACHWEIS

*Ein Kurrajong-Baum (Brachychiton) wirft seinen Schatten auf alte Gesteinsschichten in der Pilbara-Region (Western Australia).*

*Die Bildrechte bleiben bei den nachstehend genannten Fotografen und/oder ihren Agenturen:*

**Shaen Adey (NHAIL):** *Umschlagrücken, Vorsatzblatt (1. Reihe: links; 2. Reihe: 2. von links; 3. Reihe: links, 2. von links, rechts; 4. Reihe: 2. von links), S. 1, 4/5, 13 (unten), 15, 17 (unten Mitte), 18 (oben), 23, 25 (unten), 32 (oben rechts, unten rechts), 33, 35 (links), 42 (unten links und rechts), 42/43 (oben), 43 (unten links), 46, 50, 51, 53, 54, 55, 64, 65, 66, 67, 73 (oben), 77, 78, 79, 80, 81 (oben), 82, 83, 84, 86/87, 90, 91, 92/93, 94, 95, 100 (unten), 101 (unten), 115 (oben), 116, 117, 118, 119, 128, 129, 130, 131, 132, 133, 151, 186 (oben links, oben rechts, unten rechts), 189 (oben rechts), 196, 198, 199 (unten), 200 (oben), 201, 202, 203, 204, 205, 208, 209, 214/215, 216, 217, 222;* **Australian Museum (NF):** *S. 22 (unten);* **Bill Bachman (PI):** *S. 32 (oben links), 44 (links), 207 (oben), 220/221, 224;* **Ross Barnett:** *S. 3, 70, 74, 85 (rechts), 102, 142, 143, 144, 150 (oben links), 156, 163 (unten), 179 (unten);* **Colin Beard:** *hinterer Schutzumschlag (unten rechts), S. 32 (unten links), 108/109, 113, 114 (unten), 124 (Mitte links und rechts), 135 (unten), 138, 139, 162, 164/165;* **John Borthwick:** *S. 81 (unten); Peter* **D. Canty:** *S. 134, 135 (oben und Mitte), 186 (unten links), 190, 191;* **Evan Collis (PI):** *S. 187, 192, 193;* **Kerry Cook (PI):** *S. 207 (unten);* **Kevin Deacon (OEI):** *S. 61 (Mitte und unten);* **Chris Garnett (PI):** *hinterer Schutzumschlag (oben links), S. 12, 218, 219;* **Michael Gebicki:** *S. 62 (links), 122;* **P. German (NF):** *S. 189 (unten);* **Catherine H. Gibbons (Frontline):** *S. 114 (oben);* **Leigh Hemmings:** *S. 19, 96, 120;* **IOA (Frontline):** *S. 180, 181;* **Richard I'Anson:** *hinterer Schutzumschlag (unten links), S. 14 (unten), 21, 24 (oben), 30, 59, 73 (unten), 103, 125, 127, 146/147, 157, 160 (unten), 161, 163 (oben), 168;* **Michael James (PI):** *S. 188 (oben);* **Anthony Johnson (NHAIL):** *Vorsatzblatt (1. Reihe: 2. von links; 2. Reihe: rechts), S. 2, 26, 35 (rechts), 58, 101 (oben rechts), 110, 115 (unten), 152, 153, 169, 170, 171;* **Ford Kristo:** *S. 72;* **Roel Loopers (PI):** *S. 39 (oben rechts);* **David McGonigal:** *Vorsatzblatt (4. Reihe: links), S. 18 (unten), 41, 43 (unten rechts), 47 (rechts), 97 (rechts), 148, 174 (oben);* **Geoff McKell (PI):** *vorderer Schutzumschlag; Leo Meier (APL): S. 34, 56, 57, 63;* **NHAIL:** *S. 27 (unten);* **Nick Rains:** *S. 104, 105, 107, 112 (unten);* **Mark Rajkovic:** *S. 166 (unten);* **Col Roberts (PI):** *S. 28/29, 36, 37, 38, 39 (unten), 45;* **Paul Sinclair:** *Vorsatzblatt (1. Reihe: rechts; 2. Reihe: 2. von rechts; 4. Reihe: 2. von rechts), S. 10, 20, 88, 89, 106, 145 (rechts), 154, 155, 158, 159, 178, 179 (oben);* **Paul Steel:** *Vorsatzblatt (3. Reihe: 2. von rechts), S. 16 (unten Mitte), 68/69, 75, 98/99, 100 (oben), 188 (unten);* **Paul Steel (PI):** *S. 182/183, 199 (oben);* **Ann Storrie (PI):** *S. 194 (links);* **David Tatnall:** *Vorsatzblatt (1. Reihe: 2. von rechts), S. 121, 160 (oben);* **Liz Thompson:** *S. 24 (unten), 123, 126;* **Michael Trenerry (NF):** *S. 16 (oben);* **Cherie Vasas (NT&MI):** *S. 60, 61 (oben);* **Gerry Velaitis (Frontline):** *Vorsatzblatt (2. Reihe: links; 4. Reihe: rechts), S. 13 (oben), 136, 137, 172/173, 175 (oben), 176, 177;* **Peter Vorlicek:** *S. 17 (oben);* **Dave Watts (NF):** *S. 16 (unten links und rechts), 17 (unten links), 150 (unten);* **Babs und Bert Wells (NF):** *S. 17 (unten rechts);* **John Whitfield-King (PI):** *S. 189 (oben Mitte);* **Dick Whitford (NF):** *S. 22 (oben);* **Wildside:** *S. 6/7, 27 (oben), 48/49, 52, 76, 112 (oben), 124 (oben und unten), 140/141, 150 (oben rechts), 166 (oben), 167, 174 (unten), 175 (unten), 189 (oben links), 210, 211, 212, 213;* **Richard Wolendorp (PI):** *hinterer Schutzumschlag (oben rechts), S. 14 (oben), 25 (oben), 40, 184, 195, 197, 200 (unten), 206.*

*APL = Australian Picture Library; IOA = Images of Adelaide; NF = Nature Focus; NHAIL = New Holland Australia Image Library; NT&MI = Nature Travel and Marine Images; OEI = Ocean Earth Images; PI = Photo Index.*